KiWi 279

Über das Buch

Es ist selten geworden, daß den Kritikern in den großen und kleinen Feuilletons die Worte ausgehen oder durchgehen. Als im letzten Jahr ein Mann namens Helge Schneider auf kleinen und großen Bühnen von Mülheim a. d. Ruhr aus einen Triumphzug durch Provinz und Metropolen begann, wußte niemand, wie dieses Phänomen beschrieben werden könnte: Kabarett? Jazz? Entertainment? Ein-(Drei-)Mann-Show? Schlagerparodie? Totaler Unsinn, höherer Sinn? (also Surrealismus?) Die Selbstbezeichnung als »singende Herrentorte« führte da auch nicht weiter... Nur eins war klar: Wer Helge Schneider und seine Hardcoreband (der ewige sechzigjährige, greise Schlagzeuger Peter Thoms und Buddy Casino aus Las Vegas mit Sombrero) zwei Stunden erlebt, lacht zwei Stunden, ein Lachen zwischen Wahnsinn und bösem Stammtisch, schwer zu beschreiben auch dieses Lachen! Damit nun alle Rätsel um diesen Mann gelöst werden, hat er zur Feder gegriffen und – was sonst – seine Autobiographie geschrieben, wenn auch erst den ersten Teil. Er selbst sagt dazu: »In dem Buch von Helge Schneider steht das ganze Leben von ihm drin, bis jetzt. Der zweite Teil kommt in dreißig, vierzig Jahren.«

Der Autor

Helge Schneider, geboren 1955 in Mülheim/Ruhr. Abbruch des Gymnasiums, Bauzeichner, Verkäufer, Straßenfeger usw. Studium am Duisburger Konservatorium (Pianist), Abbruch des Studiums, Jazzmusiker, Landschaftsgärtner, seit 1977 Berufsmusiker mit Bröselmaschine, Art of Swing, Schneider-Weiss-Duo etc., Filmmusik, ab 1988 eigene Schallplatten: »Seine größten Erfolge«, »New York I'm coming«, »The last Jazz«, »Hörspiele«. 1992 erscheint »Guten Tach«.

Helge Schneider

Guten Tach –
Auf Wiedersehn

Autobiographie, Teil I

Kiepenheuer & Witsch

© 1992 by Verlag Kiepenheuer & Witsch, Köln
Alle Rechte vorbehalten.
Kein Teil des Werkes darf in irgendeiner Form
(durch Fotografie, Mikrofilm oder ein anderes Verfahren)
ohne schriftliche Genehmigung des Verlages reproduziert oder
unter Verwendung elektronischer Systeme verarbeitet,
vervielfältigt oder verbreitet werden.
Umschlag: Manfred Schulz, Köln
Foto Umschlagvorderseite: Max Schulz
Foto Umschlagrückseite: Selbstauslöser
Gesamtherstellung: Clausen & Bosse, Leck
ISBN 3 462 02196 6

Vorwort

Dieses Buch ist ein gutes Buch. Der Verfasser hat es selbst geschrieben. Es ist ein Buch über das Leben von einer Person, deren Aufgabe es ist, zum Lachen anzuregen und ernste Sachen zu sagen. Den grauen Alltag von dem Helge Schneider macht er sich selbst bunt, mit einer tollen Musik. Denn eigentlich ist er Musiker, erst hat er Klavier gelernt, dann wurde er Jazzmusiker. Alles, was er nun unternimmt, ist Jazz. Der Mensch ist ein Hochwesen, trotzdem tut er doof. Die Tiere sind manchmal intelligenter. Sie gucken nicht darauf, was man anhat. So auch Helge. »Mir ist egal, was jemand anhat, Hose oder Kleid, wir kommen alle in den Himmel.« Philosophie ist auch bei Helge im Buch. Alles, was in dem Buch noch steht, ist wirklich wahr. Und die Fotos sind auch da. Wenn Helge kein Schriftsteller geworden wär, gäbe es ein Buch weniger unter dem Himmelszelt von dieser bösen und langweiligen Welt. »Die Idee zu dem Buch kam mir, weil ich dachte, hier, das Buch zur Person! Es gibt das Buch zum Film, die Seife zur Schallplatte, den Film zum Auto, das Getränk zum Buch usw., und viele machen so was. Trotzdem ist es selten, daß jemand sein eigenes Buch schreibt. Außer Bill Traven. Doch weiß bis heute keiner, wo er wohnt. Und das ist richtig, denn sonst würden alle dahin gehen und Autogramme holen. Ich möchte auch meine Wohnung verheimlichen, deshalb ist alles, was in dem Buch steht, an verschiedenen Buchstaben vertauscht. Nur die Seitenzahl ist unverändert.« Was ist der Mensch eigentlich? Warum erhebt er sich über den Wurm, die Schnecke? Bestehen wir nicht alle aus dem gleichen Zeug? Erst war Feuer, dann Eis, dann Schachtelhalm, das war eine tolle Zeit. Überall war Schachtelhalm! »Guten Tach, ich hätte gerne zwei Päckchen Schachtelhalm.« Oder: »Einmal Schachtelhalm mit Pommes, zum Mitnehmen!« Usw., man kann stundenlang über dieses Thema erzählen. In dem Buch von Helge steht das ganze Leben von ihm drin, bis jetzt. Der zweite Teil kommt in dreißig, vierzig Jahren.

Das Jahr 1955 war mein Geburtsjahr. Meine Mutter ging mit mir schwanger ins Krankenhaus rein. Ich weiß noch, wie ich rauskam: »AH! Wer kommt denn da!? Schwester Hildegard, schnell, ein Teller Kartoffeln! Ja nun machen Sie schon!« »Hier sind nur Klöße, Herr Doktor!« »Egal, ich hab Hunger.« Der Arzt ißt, ich liege neben dem Teller auf dem Tisch, mit einem Rülpser steht der Mann auf. »So, Frau Schneider, Sie können gehen. Auf Wiedersehen.« Mama und ich fahren mit der Bahn nach Hause.

Ich liege bei Mama und Papa im Schlafzimmer, Tante Erna hat ein eigenes. Marliese ist im Kinderzimmer, wo ich später auch rein soll. Sie ist meine Schwester, drei Jahre älter. Ich liege nächtelang wach und denke nach. Wie heiße ich? Helge? Komischer Name. Hoffentlich werde ich nicht immer verwechselt.

»Meine Schwägerin hat die Kasse!« Dieser Satz soll mich später noch verfolgen.

Ich wachse auf. Es ist eine kleine Welt in einer kleinen, sehr niedrigen Wohnung in einer grauen Siedlung. Meine Eltern sind die einzigen Angestellten. Alle anderen sind Arbeiter. Oder gehen gar nicht arbeiten. Auch meine Eltern und sonstigen Verwandten sind klein, außer mein Opa. Das kann man auf dem Foto hier sehen.

Vor dem Haus steht eine Forsythie. Tante Erna paßt auf sie auf. Immer wenn jemand ihr zu nahe kommt, hebt sie den Zeigefinger und klopft an die Scheibe, dabei kann man sie kaum hinter der Gardine erkennen. »Hallo! – Hallo!« Klopf, klopf den ganzen Tag, »gehst du wohl da weg!?«

Hochzeit. ▶
V. l. n. r.:
Phil Collins,
Oma Speldorf,
Opa Speldorf,
Oma Wanheim,
Papa, Mama,
Tante Erna

◀ Papa,
ich selbst
und Opa

Die anderen Kinder wollen nichts mit mir zu tun haben. Ich habe einen unsäglich tütenförmigen Kopf als Baby. Auch hatte ich mal eine merkwürdige Krankheit, mein Pillemann ist in wenigen Minuten zu einem dicken Ballon aufgebläht und blau. Ich komme noch mal ins Krankenhaus. Wieder zu Hause, träume ich monatelang denselben Traum. Ein grünes Auto fährt über die Bettdecke und über mich weg, gleichzeitig sitze ich selber drin. Dieser Traum hat mich jahrzehntelang verfolgt. Auch höre ich dauernd einen Dackel dicht an meinem Ohr bellen, mit unerträglich hoher Stimme. Erst viele Jahre später haben wir einen Dackel. Sonst träume ich aber nichts. Ich schäme mich über meinen Namen und über meine Kopfform.

Dafür kann ich von Anfang an Klavier spielen. Meine erste eigene Komposition mache ich mit vier Jahren: Texas. Ein Lied, das ich auch heute noch mit Erfolg singe. Die Idee dazu kam mir allerdings schon Jahre vorher, als ich in der Tragetasche lag.

Windpocken sind sehr schlimm. Ich liege auf dem Bügelbrett, und Tante Erna pudert mich mit irgend etwas ein, es juckt

furchtbar. Ich kann schon laufen und renn nachts mit zuen Augen in der Wohnung rum und reiße alle Schubladen und Schränke auf und bilde mir ein, ein Bleistift zu sein. »Ich habe einen Bleistift an!« Mit Schüttelfrost trinke ich ein Glas Sprudel. Aber die schlimmste Zeit meines Lebens ist schon vorbei. Ich meine die Zeit als Säugling, wo ich mich nicht wehren konnte. Jemand hätte doch mit Leichtigkeit meine Fontanelle eindrücken können!

Meine Mutter heißt Anneliese, oft sagt mein Vater »Lieschen« zu ihr. Die beiden haben sich auf dem Finanzamt kennengelernt, meine Mutter hieß auch Schneider, vorher schon, und da fragte er sie, ob sie sich nicht zusammentun könnten, wäre billiger. Es stellte sich dann heraus, daß die Schwester von Mama Erna hieß, und mein Vater war bereits mit ihr bekannt gewesen, sie hatten sich wohl durch meinen Opa kennengelernt, bei dem mein Vater arbeitete. Kann auch ganz anders gewesen sein, da wurde ja nie drüber geredet. Fast vierzig Jahre später habe ich erfahren, daß Papa nach dem Krieg eine Zeitlang mit Opa Schneider von Haus zu Haus ging, mit Schreibmaschinen, mein Opa hatte eine Schreibmaschinenvertretung für Triumph oder so, und sie den Leuten anpries. Vertreter für Schreibmaschinen, ein schwerer Beruf. Die Dinger waren zu der Zeit so schwer wie ein Sack Zement, und dann noch jeder zwei. Angeblich soll mein Vater damals manchmal über die Stränge geschlagen sein, er hatte falsche Freunde, die ihn zum Trinken verführten. Tante Erna stellte ihn vor die Wahl: entweder meine Mutter oder die Taugenichtse. Er entschied sich für meine Mutter.

Sie haben dann geheiratet, und Marliese kam auch schnell auf die Welt. Papa ist katholisch, Mama evangelisch, er nimmt ihre Religion an, es ist ihm egal, die Kirche ist für ihn und Oma Wanheim, das ist seine Mutter, ein falscher Fuffziger. Er ging nur zur Taufe oder so, wenn es unvermeidlich war, hin.

Oma Wanheim war eine echte Granate! Sie konnte stundenlang erzählen und alle in ihren Bann ziehen. Dabei war sie eine überaus selbständige und lebenslustige Frau, ihr Mann war zwanzig Jahre jünger. Er war nicht der Vater von meinem Vater, wer der war, weiß ich bis heute nicht. Henn, so hieß mein Opa also, konnte sehr gut in dem kleinen Wohnstübchen bei meiner Oma auf dem Sofa liegen. Daneben ein Kasten Bier. Oma nahm ihn nachher nicht mehr so ernst. Aber sie kümmerte sich gut um ihn. Er war mal Nachtwächter gewesen und hatte einen Schäferhund im Zwinger. Astrid hieß das Tier. Oma hatte ihr kleines Häuschen selbst gebastelt, so sah es aus, und die Zimmerchen waren auch klitzeklein. Im Gang war ein Kohleherd, vor dem meine Oma tagein, tagaus ihre Zeit vor einer durchs ganze Häuschen ziehenden klaren Suppe mit Markknocheneinlage verbringen konnte. Ganz toll war immer Ostern bei Oma Wanheim. Sie hockte unterm Dach und schmiß immer wieder dasselbe Ei runter auf die Wiese. Ich fand es dann und brachte es stolz zu ihr hoch. Nachher dachte ich, ich hätte hundert Eier gefunden vom Osterhasen.

Ihre Haare waren über einen Meter lang, doch immer zu einem kastaniengroßen Knötchen geknubbelt. Wenn sie sprach, sah sie aus wie eine Haselmaus, die randlose Brille machte die Augen riesengroß, und ihre Bäckchen, in die sie hineinsprach, wackelten energisch. Sie fuhr bis kurz vor ihrem Tod Fahrrad. Oft mußte sie erzählen, wie sie ohne Rücklicht von einem Polizisten angehalten wurde. »Kann gar nicht sein, gucken Sie mal, mein Rücklicht geht doch! Ich fahr jetzt mal ein Stück, und dann können Sie es sehen.« Und weg war sie.

Von ihr habe ich radfahren gelernt. Sie setzte mich auf ihr Rad und schob mich von hinten ein Stück. Dann ließ sie einfach los, und ich knallte voll mit dem Riesending auf die Fresse.

✳

Meine Klavierlehrerin hat riesige Titten. Sie kann das, was sie
spielt, nicht sehen. Sie kann die Klaviertastatur nur erahnen,
beim Spielen guckt sie nur auf ihre unteren Brillenränder.
Trotzdem ist sie eine Koryphäe und überall bekannt. Nachdem sie meine drei Jahre ältere Schwester beackert hat,
komme ich dran. Was sie mir auch zeigt, ich kann es sofort
nachspielen. Mozart, Bach, Hindemith, alle, die so da sind.
Noch bevor ich eingeschult werde, mache ich bei Musikwett-
bewerben mit. Mein erster Auftritt ist bei Cramer und Meer-
mann in Essen oben im Omacafé. Mit Samtschleife, Fräck-
chen und viel Fett am Kopf, meinen störrischen Wirbel mit
einer Haarklammer angelegt, spiele ich vierhändig mit meiner
Schwester. Ich bin der Größte. Ganz klar, ich muß den ersten
Preis bekommen. Die andern, die da auftreten, machen mehr
so in Schnulzen, eine singt »Ich will 'nen Cowboy als Mann«.
Und zwei mit Gitarre, Junge und Mädchen, singen was vom
Lagerfeuer. Als genau die dann gewinnen, bricht eine Welt
für mich zusammen. Ich bekomme einen Trostpreis. Mein
ganzes Leben lang wird mich dieses rhombenförmige Stück
Trumpf-Schokolade verfolgen! Jedesmal schießen mir die
Tränen in die Augen, wenn ich daran denke. Beim nächsten
Konzert, im großen Saalbau in Essen, verspiele ich mich direkt am Anfang und haue auf die Tasten und sage laut ins
Mikrofon: »Scheißearschloch«. Bei dem darauffolgenden
Auftritt in einer anderen Stadt bin ich zwar zugegen, trete
aber nicht auf. Ich habe das, was hinter solchen Vorführungen
steckt, schnell durchschaut. Ich will nicht funktionieren, ich
will kreativ sein. Die Kreativität eines Menschen kann sich
durchaus manchmal dergestalt vollführen, daß man über-

Foto mit meiner Schwester Marliese

haupt nichts macht, gar nichts. Diese Verweigerung seiner Schaffenskraft ist nur dazu nütze, sich in keinster Weise vorprogrammierten Forderungen zu stellen. Noch nicht mal seinen eigenen. Zu Hause spiele ich oft auf dem Klavier. Tante Erna steht immer daneben und haut mit den Fingerknöcheln im Takt auf den Klavierdeckel. »Jam-pam-pam-pam, jam-pam-pam-pam...«, dazu ständig dieses Jampampam. Ich soll Rhythmusgefühl bekommen, und wir haben kein Metronom. Manchmal schlägt sie mit einem Lineal...
Meine Schwester Marliese und ich sitzen oft im Flur auf dem Sisalteppich und spielen Rumsitzen. Wir haben Striemen am Arsch von dem Teppich. Ich hatte so tolle Lackschuhe als

Säugling, eines Tages waren sie weg. Weil sie mir nicht mehr paßten, hat Tante Erna sie weggeworfen oder verschenkt. Ich kann das nicht verstehen mit meinen drei Jahren, und auch heute noch empfinde ich unausgesprochene Wut darüber. Das hat letztendlich mein ganzes Leben negativ beeinflußt. Da fällt mir ein – der Goldfisch im Bowleglas auf dem Wohnzimmerschrank. Wenn wir lieb waren, holte Tante Erna ihn runter und stellte ihn auf den Tisch, nicht ohne das Glas die ganze Zeit mit beiden Händen zu halten. Wir durften ihn uns angucken.

Tante Erna hat ein eigenes Zimmer mit einem selbstgebastelten Tisch. Christusdorn und Clivia, die Hauptblumen in dem Raum. Da hängt auch das Telefon. »Schneider! Rufen Sie mich bitte mal zu Hause an, dreizwoundzwanzigsiebenundzwannezick!!!« Klack – aufgelegt. Ich habe das nie kapiert, wenn Papa telefoniert hat. Auch reichte er kaum an den Hörer ran, warum hing denn das Telefon so hoch? Er hatte irgendwas beruflich mit Telefonen zu tun, was, habe ich lange nicht herausbekommen. Meine Mutter ging auch arbeiten, im Finanzamt. Mittags stand sie um Punkt eins vor dem Gebäude, und mein Vater kam dann mit dem rosa Renault Dauphine vorgefahren. Dann fuhren sie nach Hause, wo Tante Erna das Essen schon fertig auf dem Tisch stehen hatte. »War lecker, Erna!«, dann schnell auf die Couch gelegt, mit Zeitung unter den Schuhen. Dann ist er eingeschlafen. Genau fünf Minuten dauerte der Schlaf, dann sind sie wieder abgehauen. Ich war nur anfangs beim Essen dabei, ziemlich schnell mußte ich dann in der Küche essen. Oder auf dem Klo. Ich aß wie ein Schwein, deshalb.

Ich mochte das Essen immer nicht. Das schmeckte alles total scheiße. Das Allerschlimmste war mal Pilze. Selbstgesammelt. Dann nur gedünstet, in hohen Tellern, eine Riesenportion, wackelig und grüngelblich, bah! Da fing alles mit an. Ich mußte mit den Pilzen in den Kohlenkeller. Da saß der kleine

Helge im Zwielicht neben den Kartoffeln auf dem Hackstumpf. Ich mußte da wohl den ganzen Tag gesessen haben, eingeschlossen. Ich habe die Pilze nicht gegessen.
Später habe ich dann einen Trick erfunden, wie man Essen verschwinden läßt, ohne es aufzuessen. Ich trank eine Plastiktasse Milch leer (bis ich erwachsen wurde, durfte ich nie Porzellantassen nehmen), schob heimlich, sagen wir mal, Rotkohl da rein, versteckte die Tasse in meiner Hose und gab an, aufs Klo zu müssen. Wenn ich durfte, ging ich aufs Klo, machte aber kein Haufen. Den Rotkohl schüttete ich ins Klo. Für ein ganzes Essen mußte ich natürlich ungewöhnlich oft aufs Klo. Daß das niemandem auffiel! Ich gewann mit den Jahren eine ungeheure Fertigkeit dadrin. Schleichen, Türen lautlos öffnen und schließen, klauen, verschwinden, und vor allen Dingen lügen, ich konnte, ohne rot zu werden, von der Schule erzählen, obwohl ich überhaupt nicht da war.
Anschleichen habe ich übrigens von Karl May gelernt. Er war ein guter Freund von mir, ich hatte viele Bücher von ihm bekommen. Meinen ersten Auslandsurlaub 1970 machte ich mit zwanzig Karl-May-Büchern im Rucksack. In Barcelona habe ich dann alle weggeschmissen. Auch die dicken Wintersachen, außer die Knickerbocker aus Bayern, die hab' ich nach Hause geschickt.

Tante Erna fördert mich. Ich darf auf Tapetenresten malen. Es macht mir viel Spaß. Ich verbringe den ganzen Tag mit Malen. Ab und zu bekomme ich eine neue Windel. Die alte ist voll. Dann male ich weiter. Am liebsten male ich Tiere. Ein Reh. Das Reh wird sehr viel gemalt. Ich kenne die anderen Tiere noch nicht. Das Reh kenne ich von dem Wandteppich her, den Tante Erna genäht hatte. Mit Stoffresten hat sie ein Reh gemacht. Sie ist eigentlich Stickermeisterin. Deshalb hat sie auch handwerkliches Geschick, und ich lerne es von ihr weiter. Ich trage in der Wohnung Hut. Ein grünes Federhütchen. Ich nehme den Hut nur im Bett ab. Ich male immer mit Hut. Halbnackt, aber mit Hut. Ich bin stolz auf meinen Hut. Er steht mir gut. Ich bin auch Fan von dem Lied: »Ich kauf mir lieber einen Tirolerhut...«. Oder noch besser: »Mein Hut, der hat drei Ecken, drei Ecken hat mein Hut, und weil er hat drei Ecken, drum steht er mir so gut!« Mein absolutes Lieblingslied. Mein Vater kann es sogar singen. Er ist total unmusikalisch. Nur Radio, das kann er ein bißchen. Aber nur Zimmerlautstärke. Obwohl er auf nur einem Ohr hört, kann man das Radio in der Wohnung lediglich sehen, so leise ist es. Geschmack für bestimmte Musik hat er auch nicht. Im Auto pfeift er aber oft. Meistens hebt er beim Fahren den Hut zum Gruße. »Herrmann!!« oder »Walter!!!«. Er nennt die Namen, obwohl die Männer, die er grüßt, mindestens zweihundert Meter weit weg sind. Die grüßen auch mit Hut. Oft murmelt er aber nur undeutlich den Namen ins Lenkrad, mit einem Blick auf die betreffende Person. Die Zigarre hat er auf die Unterlippe geklebt, sie wackelt beim Sprechen auf und ab, man kann kaum was verstehen. Der Wagen riecht fürchterlich nach Zigarre. Noch schlimmer ist das Klo, wenn er da sitzt, Tür auf, Zeitung, mit Zigarre, ein unglaubliches Gemisch!

Hinter unserem Wohnblock ist eine Wiese, daran anschließend beginnt ein Abhang, der zu einem Sportplatz führt. Dahinter geht's weiter runter, und man kommt in ein verwildertes Tal, worin ein Bach fließt. Auf der anderen Seite geht es wieder steil hoch, und es beginnt eine andere Welt, die Mühlenstraße. Wir wohnen in der Lerchenstraße. Die Mühlenstraße habe ich noch nie gesehen, ich weiß aber von Halbstarken, die da wohnen. Die Halbstarken sind sehr gefährlich. Wer ihnen in die Finger gerät, hat sein Leben verwirkt. Sie sollen angeblich auch bis in unser Tal vordringen, deshalb ist es verboten, ins Tal zu gehen. Aber es ist sehr schön im Tal, und wir gehen doch dahin. Meine Schwester und ich gründen mit noch einem, ich glaube, der hatte es auf meine Schwester abgesehen, einen Geheimbund. Wir gehen ins Tal hinein und haben Stöckchen in der Hand anstatt Pistole. Auch flüstern wir ununterbrochen. Im Keller haben wir einen geheimen Platz, wo wir ein Notizbuch und einen Bleistift aufbewahren. Unter dem Deckel von dem kleinen grünen Kohleofen. Es ist alles total geheim. Bereits einen Tag später ist der Notizblock mitsamt dem Bleistift verschwunden. Wir hatten noch überhaupt nichts reingeschrieben. Wir durften keinen Geheimbund haben. Tante Erna hatte die Geheimpapiere an sich genommen.

Bald ist Nikolaus. Ich darf einen Schuh rausstellen. Am nächsten Morgen ist eine Mandarine drin. Mandarinen sind neu. Man kannte vorher nur Apfelsinen.

*

Meine Mutter heißt Mama, meine Tante heißt Mutti. Marliese und ich sind fest davon überzeugt, daß Mama gar nicht unsere Mutter ist, sondern Tante Erna, weil sie fester haut. Mama kann gar nicht richtig zuschlagen, ihre weiche Hand tätschelt nur kraftlos an der Backe vorbei. Das passiert aber auch so gut wie nie. Wenn sie mal böse ist, kreischt sie: »Ich klatsch' dich an die Wand!« Wir lachen dann immer, und sie ist traurig. Tante Erna dagegen ist Profi. Mal bekommen wir es mit einem nassen Lederlappen ins Gesicht, mal mit dem Stöckelschuh auf die Knöchel oder mit dem Rohrstöckchen. Ja, der Rohrstock ist sehr gut. Wir müssen immer antreten, die Händchen vorstrecken, und »Swing, Swinnng, Swinnnng« geht es auf die Fingerchen nieder. Nach einer gewissen Zeit treten wir, ohne mit der Wimper zu zucken, an. Wichtiger als darüber zu verzweifeln ist uns die Rache. Wir klauen ihr den Stock. Und zerbrechen ihn. Doch sie, nicht faul, nimmt den Kochlöffel. Verkehrt rum. In unserem Kinderzimmer steht eine Eckbank, dadrunter krieche ich immer, um vor den Schlägen zu entkommen. Ich amüsier' mich dabei, wie sie mit dem Stöckelschuh ins Leere haut, weil sie nicht dadrunter gucken kann.

Ab meinem ersten Lebensjahr fahre ich jeden Sommer nach Bayern auf den Bauernhof, sechs Wochen. Ich bin von Anfang an verliebt in ein Mädchen, das auch immer da Urlaub macht mit seinen Eltern. Die sind aber reicher. Ich finde sie sehr schön. Zwölf Jahre lang freue ich mich immer auf den Sommer. Das letzte Mal treffen wir uns im Dunkeln immer auf dem Flur mit unseren Zahnspangen, wir spielen Oma und

Opa. Ich liebe sie sehr, ich weiß zwar nicht, was das für ein Gefühl ist, aber es ist so weich mit ihr, ich lege gerne meinen Arm um sie. Sie trägt einen zitronenfarbenen Babydoll. Das Jahr danach fahren wir woandershin in Urlaub. Jahre später habe ich sie mal besucht, sie regte sich darüber auf, daß ich auf ihrem Klo, sie lebte mit einer Freundin zusammen, im Stehen gepinkelt habe. Ich hatte die Klobrille hochgeklappt, daran hatte sie es gemerkt. Sie machte eine abfällige Bemerkung über Männer und war nicht mehr so schön. Egal.
Ob sie der Männerwelt entsagte, weil sie nur mich liebte? Ich weiß es nicht. Aber vorstellen kann ich es mir natürlich.

Ich hatte auch eine Großtante, Tante Helmy. Sie war Lehrerin gewesen. Ihr Mann sah total komisch aus, er hatte einen Spitzbart und einen grünen Lodenmantel an und eine Glatze. Dabei war er sehr dünn und groß. Onkel Karl. Ihm ging es nicht so gut, glaube ich. Da war ich manchmal zu Besuch. Ich durfte meinen Kopf, wenn ich auf dem Sofa saß, nie nach hinten an die Wand lehnen, weil sonst Fettspuren von den Haaren an die Tapete kamen. Da war vielleicht eine Stimmung immer, ein Geruch von 4711 lag in der Luft. Sie knabberten mit dünnen Lippen an Keksen und tranken nippend aus Sammeltassen Bohnenkaffee. Wie Vögelchen. Im Garten war auch ein Vogelhäuschen oder ein Meisenring, ich weiß nicht.
Eines Tages kam Onkel Karl zu uns zu Besuch, um sich zu verabschieden, er hatte unheilbar Krebs. Am nächsten Tag war er tot. Ich wollte nichts mit ihm zu tun haben, er sah fürchterlich aus, total dünn und ausgemergelt präsentierte er sich auf unserem Sofa. Ich rannte schreiend aus dem Wohnzimmer. Ich sah ihn das letzte Mal, doch konnte ich ihn auswendig malen.

✳

»Mutti, darf ich gucken gehen, da ist jemand mit einem Flugzeug!« Ich darf. Mit mehreren anderen stehe ich auf dem Sportplatz, da, wo das Gestrüpp anfängt und das Gelände steil abfällt, um hinter der Müllhalde als brombeerbewachsener Schlackenberg wieder emporzuwachsen. Ein junger Mann hat ein großes Plastikflugzeug mit fast zwei Metern Spannweite und will es mit einer Riesenfletsche abschießen. Das Gerät schnellt in die Lüfte, beschreibt einen weiten Bogen über das ganze Tal und segelt eine Zeitlang in großer Höhe. Dann saust es mit sehr hoher Geschwindigkeit auf uns zu. Alles geht in Sekundenschnelle. Einen Moment lang verdunkelt sich der Himmel, dann habe ich ein merkwürdiges Gefühl. Keiner sagt was. Das Flugzeug ist mir ins rechte Auge geflogen. Wie durch ein Wunder ist es mit seiner langen Stahlspitze nur *unter* das Auge gedrungen. Alles hängt raus, ich halte das Gewebe mit der Hand fest und gehe den Abhang zu unserer Wohnung hoch. Da steht schon Tante Erna. Kleiner Schock für die arme Frau. Ich habe überhaupt keine Schmerzen. Im Krankenhaus muß ich vor einer großen Holztüre warten, die Hand immer am Auge. Dann werde ich operiert. Vorher fuchtelt der Arzt mit einer großen Schere vor meiner Nase rum. »Jetzt schneid ich dir die Nase ab!« Dann Äther. Und ich muß Schafe zählen. Ich komme bis drei. Ich hatte schon mal einen Unfall gehabt, vorher. Mit demselben Auge. Mit meinem Holzroller rase ich die Straße runter, unten macht die Straße eine Rechtskurve. Ich fahre geradeaus, ich kann noch nicht lenken. Ich fliege über den Lenker und lande mit dem Auge auf einem hochstehenden rostigen Nagel! Der Nagel bohrt sich unter die rechte Augenbraue. Glück gehabt.

22

Ich habe sehr gute Augen. Ich brauch gar keine Brille tragen, einmal hat jemand in einer Zeitung geschrieben, ich hätte als Kind eine starke Brille gehabt, das stimmt gar nicht. Ich kann auf fünfhundert Meter so Sachen lesen wie »KAUFHOF« oder »QUELLE«. Außerdem bin ich ja auch nachher zur See gefahren, die unendliche Weite des Ozeans schult das Auge ungemein.

Zu uns kommt jeden Freitag der Eiermann. Er kommt extra aus Oldenburg ins Ruhrgebiet, um seine Eier zu verkaufen. Ich begreife das überhaupt nicht, Eier kann man doch im Geschäft kriegen. Der Eiermann hat übrigens einen ausgemachten Eierkopf, einen puterroten. Tante Erna nimmt die Eier immer zu einer willkürlich festgelegten Tageszeit am Küchenfenster an und gibt das Geld ab. Auch kommt immer ein Bäcker ans Fenster, der kommt aber jeden Tag. Bis zum Metzger sind es fünf Minuten zu Fuß, daneben ist auch ein Lebensmittelladen. Diese Leute sind reich. Die Kinder von denen haben rote Bäckchen. Wir sind sehr, sehr blaß. »Vornehme Blässe!« sagt Tante Erna. Und im Sommer werden wir auf keinen Fall braun im Urlaub, sondern knallrot. Das heißt, der Hintern ist immer superweiß. Wir lassen überhaupt nie Luft an den Hintern. Es ist mir auch recht, nachher sieht den jemand. Aber das ist ja normal. Das ist nun mal so. Ich lasse noch heute keine Luft an meinen Hintern. Ich trage immer dicke, lange Buxen. Buxe, das ist vielleicht ein Wort für Unterhose, sagenhaft: Unterbuxe! Stammt von meiner Mutter. Mein Vater trägt Netz übrigens, unten und oben.
Jede Woche mußte ich zum Frisör. Ich hatte es nicht weit. Der Frisör wohnte bei uns im Haus in der ersten Etage. Er war taubstumm und arbeitete schwarz. Es kostete fünfzig Pfennig. Ich brachte einen Zettel mit, worauf geschrieben stand: »Fassong, kurz!«. Man brauchte nicht guten Tag zu sagen. Seine Frau war auch taubstumm. Während er mir den

Nacken bis ganz oben hin ausrasierte, versuchte sie mit mir zu sprechen. »Gärn, gärn, gärn« kam über ihre Lippen, dabei fuchtelte sie mit den Händen. Ich verstand nichts. Ihr Mann sagte gar nichts. Er schnitt und striegelte mit behenden Fingerchen an meinem Tütenkopf rum. Mittlerweile hatte sich ein unglaublich musikalischer Hinterkopf breitgemacht. Bei jeder Gelegenheit wurde dann auch seitens meiner Familie darauf hingewiesen. »Der Junge ist ja so sensibel!« Tante Ernas Worte brachten mich zur Verzweiflung. Mädchen sind sensibel. Als ich klein war, dachten alle, ich wäre ein Mädchen. Das hat mir sehr viel ausgemacht. Ich will kein Mädchen sein! Daher entwickelte ich schon sehr bald einen unglaublich kühnen Blick. Ich sah praktisch immerzu mit stechenden Augen in die Ferne, gleichzeitig verheimlichte ich meine Blickrichtung. Meine Sehnerven waren bis zum Bersten gespannt. Ich konnte jovial gucken, vernichtend, tötend und überlegen. Selten einmal übermannte mich ein Blick voller Angst. Daneben war ich im Tiefsten meiner Seele immer unsicher. Und auch heute noch habe ich das Gefühl, ich

◀ Mit meinen beiden Schwestern Kerstin und Marliese

Ausflug ▶

werde nicht ernst genommen, wenn ich böse werde oder vor Wut ausflippe.
Das Wichtigste für mich neben dem Blick war ein sicherer Gang. Niemals sah mich jemand unbedacht dahereiern. Ich hatte mich immer in der Gewalt, kein Schritt war überflüssig. Dabei entwickelte ich auch mein Rhythmusgefühl, ich lief wie eine Maschine, die ich jederzeit blitzschnell abstellen konnte. Der gedachte Rhythmus lief dann im Gehirn weiter. Dieser Rhythmus läßt mich aber niemals zur Ruhe kommen. Es ist mir unmöglich zu entspannen, immerzu spiele ich im Geiste diesen Rhythmus. Zur Zeit schlage ich die Trommel mit den Nasenflügeln, die ansonsten von innen her jucken, dabei spiele ich mit den Fingernerven unablässig dieselbe Melodie auf dem Saxophon. Keiner merkt das. Der Frisör und seine Frau hatten auch eine Tochter, die war ganz normal. Sie war der ganze Stolz ihrer Eltern, sie ist nach Amerika gegangen und hat Chinchillas gezüchtet. Ein Riesenboom damals. Jetzt sind die Eltern auch in Amerika, glaub ich.

Wie war das noch mit der Erdbeerfrau? Es gab in der Siedlung eine Frau mit Kopftuch, die hatte sich im Tal ein kleines Grundstückchen eingezäunt, worauf sie Erdbeeren anpflanzte. Es gab dann einmal im Jahr Erdbeeren zu kaufen, ganz lecker und billig. Sie war alleinstehend. Kein Mensch wollte was mit ihr zu tun haben, aber die Erdbeeren waren lecker. Dann fuhr der Bulldozer drüber, und die Welt veränderte sich. Oben an der Ecke hatte ein Supermarkt aufgemacht. Keiner ging zunächst dahin. Selbstbedienung, so ein Quatsch! Der Laden hieß KONSUM. Der Milchladen hieß auf einmal EDEKA. Das kleine Telegrafenhäuschen kam weg, und in Windeseile verwandelte sich die gesamte Landschaft in Baustellen. Vorbei die Zeit, wo wir schreiend hinter der Straßenkehrmaschine herrannten, vorbei auch der Tag, an dem ich Kuselkopp die Abfallhalde runterrollte, um anschließend in mannshohen Brennesseln total entzündet den Brennnesseltod zu sterben. Vorbei die rasante Schlittenfahrt im Winter ins verschneite Tal, mit zehn Schlitten hintereinandergebunden. Keine Angst mehr, mit donnernden Kufen in den Bach zu schießen oder vor die dicke Weide. Heute ist dieses Tal kultiviert. Ich selbst habe mitgeholfen, als ich meine Gärtnerlehre machte, den Bach zu begradigen und haufenweise junge Buchen und Birken zu pflanzen. Alles wurde plattgezogen und mit ein und derselben Sorte Gras verschönt. Das Holz, um den Bachlauf einzugrenzen, kam aus Südamerika, härter wie Stein. Ich war zwanzig, einundzwanzig, da wußte ich, mit einem ordentlichen Beruf würde ich mein Leben verwirkt haben. Auch das frühe Aufstehen war scheiße. Und verdient habe ich so gut wie gar nichts. Eigentlich wollte ich ja auch gar kein Gärtner werden, mir fiel nur nichts anderes ein, hatte ich doch schon bereits mehrere Versuche unternommen, auf ehrliche Weise mein Geld zu verdienen.
Ich wollte sogar mal Tierpfleger werden, um dann, wenn ich im Zoo etabliert gewesen wäre, alle Tiere freizulassen.

Nicht auszudenken, die Krokodile und Tiger und so, wen die alle gegessen hätten!
Ich habe übrigens im Zoo schon am ersten Arbeitstag gekündigt, weil ich keine Lust hatte, eine Schubkarre mit Elefantenhaufen zu schieben.

Ich trage ausschließlich Knickerbocker. In Bayern haben sie mir eine Knickerbocker aus echtem Rothirschleder machen lassen. Die Hose ist nicht billig gewesen. Weil ich so dünne Beine habe, ziehe ich mehrere Kniestrümpfe übereinander an, damit meine Waden nach mehr aussehen. Der Effekt ist, daß meine Beine unten wesentlich dicker sind wie oben. Ich habe auch eine kurze Seppelhose. Die soll ich auch im Winter tragen, mit dunkelgrüner Strumpfhose drunter. Das wird der schlimmste Tag meines Lebens. Ab da ziehe ich nur noch die halblange an. Bis zu meinem dreizehnten Lebensjahr, das Jahr, in dem ich meine erste Nietenhose bekomme. Es ist die Hose von meiner Schwester, ich soll sie auftragen, und überhaupt soll es erst mal ein Versuch sein, ob ich überhaupt für so was geeignet bin. Diese Jeans reicht mir bis unter die Achseln und hängt wie ein Hosenrock. Mit einem schwarzen Plastikgürtel, den ich zweimal um mich rumbinde, wird sie festgehalten. Dazu trage ich einen hautengen Helanca-Rollkragenpullover in Hellblau und Bundschuhe. Ich fühle mich wie Gary Cooper.

Wie gerne hätte ich meine Knickerbocker wieder. Obwohl, wäre doch zu auffällig. Ich hab sie ja damals in kleine Schnipsel geschnitten, als ich mir eine Patchwork-Weste schneiderte. Heimlich saß ich in meinem Zimmer und stanzte Löcher mit Tante Ernas Locher in das Leder. So entstand meine erste Haute-Couture-Arbeit. Sie hatte lange Fransen und war mir eigentlich zu klein. Ich verlieh sie an ein Mädchen, die gerne mit mir gehen wollte, aber ich wußte noch nicht, was das ist, ich war erst fünfzehn. Aus diesem Grund leiht mir

Tante Erna meine eigene Super-8-Kamera bis heute nicht, nachher kommt sie weg. Neulich ruft mein Vater an und kündigt mir an, ich könne jetzt meinen Schwimmschein bekommen, er ist in der Schatulle, ich soll nur vorbeikommen. Ich bin jetzt siebenunddreißig und kann ihn ja auch gut gebrauchen.

Karneval 1962 bekomme ich noch eine kleine Schwester. Kerstin wird von der Kinderschwester hinter einer dicken Plexiglasscheibe hochgehoben, wir sehen sie uns an. Sie hat schon schwarze Haare auf dem Kopf. Und sieht keinem ähnlich. Ich und Marliese sind übrigens die einzigen im gesamten Stammbaum, die rote Haare haben. Außer der Uropa von Mama und Tante Erna, der soll angeblich unter dem linken Arm einen roten Büschel gehabt haben, sonst schwarz. Der hat auch etwas mit Musik zu tun gehabt, er konnte mehrere Instrumente spielen und war ein richtiger Entertainer. Meine Mutter spielt ein bißchen Wandergitarre, und Tante Erna hat eine Geige. Sie spielt aber nie dadrauf. Mama hat nach ihrer Pensionierung noch mal Unterricht genommen bei einem klassischen Gitarristen und später selber unterrichtet. Sie hatte eine Schülerin und einen Schüler. Nebenher nahm sie für sich selbst eine Kassette auf, wo sie selbst Gitarre spielt und die einzelnen Stücke erklärt. Es sollte eine lehrreiche Kassette werden. Sie hatte für zehn Minuten ein halbes Jahr gebraucht. Meine Schwester hat sich mal belustigt darüber geäußert, wie lange Mama dafür gebraucht hat, da hat sie heimlich die ganze Kassette gelöscht.

Danach hat sie nur noch selten Gitarre gespielt, mehr aber deshalb, weil sie krank wurde. Sie wurde immer schwächer, Krankenhausaufenthalte häuften sich, nach einem Jahr war es ihr nicht mehr möglich, eine Gitarre zu halten. Sie selbst meinte, glaube ich, wieder auf die Beine zu kommen, um ihre Krankheit entstand ein Geheimnis, wie immer, wenn jemand

Krebs hat. Ich ahnte es eigentlich, doch die Gewißheit kam erst ein paar Tage vor ihrem Tod. Sie ist zu Hause gestorben, ihr Wunsch war, in ihrem Bett zu sein. Als sie so dalag in ihrem Schlafzimmer und nicht mehr atmete, war für mich ein Lebensabschnitt zu Ende gegangen. Unbewußt veränderte ich mich danach. Sie starb zu einer Zeit, in der die Angst aufkam, die Welt geht unter. In dieser Nacht begann der Krieg im Irak. Der Tod eines Menschen ist eine Sache, die man mit sich selbst in Verbindung bringt. Vollkommen utopisch, zu leben und dann auf einmal wegzugehen. Gleichwohl eine natürliche Sache. Trotzdem so fremd. Brutal und erlösend zugleich. Jemand ist plötzlich nie mehr da, nur in Gedanken, man kann sich nicht erinnern, es existieren Fotos. Ein Durcheinander und doch wohlgeordnet. Der eine stirbt, die Übriggebliebenen stellen sich um, und weiter geht's. Schon bei der Beerdigung weiß man manchmal nicht, ob man lachen oder weinen muß. Jetzt sind Papa und Tante Erna nur noch zu zweit. Doch es gibt viele Dinge, an die man sich halten kann, dazu gehört ein unglaublicher Humor, ich hatte ihn noch nicht erwähnt.

Wenn ich zum Beispiel an Geburtstage denke vor nicht allzu langer Zeit, wo alle aneinander vorbeireden, die Kinder in einem anderen Zimmer Kuchen bekommen, zu den Kindern zählen auch wir, obwohl wir schon über dreißig sind, mit unseren Kindern. Im Wohnzimmer steht ein total großer, runder und ziemlich niedriger Tisch, daran wird noch ein Tisch gestellt, der selbstgebastelte von Tante Erna, und jede Menge Hocker. Dahinter jedoch steht die Couch-Garnitur. Man sitzt also in Zweier-Reihe hintereinander und muß entweder die Arme ganz lang machen oder sitzt so nahe dran, daß man den Tisch auf den Schenkeln liegen hat und seine Arme immer mit hochgehobenen angewinkelten Händen vor sich her dicht an den Körper gepreßt hält. Dazu wieselt Tante Erna unaufhörlich mit Kannen voll Kaffee um einen rum. »Möchte noch

jemand ein Täßchen Kaffee?« Während der einarmige Herr
Petersen, der Mann von Tante Christel, einer Schwester meiner Mutter, sich total beim Reinbeißen in ein Stück Erdbeer-
torte bekleckert, schießt ein langgestreckter Strahl Sahne aus
dem neuartigen Sahnespender, den der »lange Hellmich« un-
sachgemäß bedient. Er trifft gleich mehrere. Wie, als wäre
nichts geschehen, wird schnell abgeputzt, und alle reden weiter wie wild aufeinander ein. Keiner lacht. Ich lach mich natürlich kaputt, doch keiner nimmt davon Notiz. Selbst Marliese hält sich bedeckt. So was passiert nämlich andauernd.
Am besten aber sind immer die Frisuren! Wenn die vier
Schwestern (Mama und Tante Erna, Tante Christel und Tante
Ruth) zusammen sind, wird oft über Frisuren geredet. »Hast
du die Haare selbst gemacht, Anneliese?« »Nein! Erna hat
mir die Haare gemacht!« »Ja, ich hab der Anneliese die Haare
gemacht! Und mir selbst! Na? Wie hab ich das gemacht?«
»Ganz prima, Erna!« »Ja! HERVORRAGEND! Der Ku-
chen ist auch lecker!« »Was macht Günter?« »Ich sach, der
Kuchen! Anneliese, der Kuchen!« »Will noch jemand Kaf-
fee?« »Günter hat schwarze Füße.« »Lecker, der Kaffee!«
»Will noch jemand Kaffee?« »Ich sach, der Kuchen, Erna!
DER KUCHEN!« »Nich schlabbern! Wehe, ihr schlabbert!
Geht ihr mal in die Küche!« »Wie geht's Günter?« »Ich geh
mal dahin, wo der Kaiser zu Fuß hingeht.«…

*

Als ich aufs Gymnasium komme, ziehen wir auch um. Das ist aber nicht schlimm, denn ich hatte nie richtige Freunde. Heute habe ich welche, sie kosten ein Vermögen! Ich meine das italienische Eiscafé, wo ich immer Kaffee trinke. Damals gab es noch kein italienisches Eis. Der Eismann fuhr mit einem Moped, wo vorne ein Kasten dran war. Es gab nur Eis zu fünf, Vanille, und zu zehn mit Schokoladenüberzug. Das war aber noch in der alten Wohnung. Die neue lag in einer etwas besseren Gegend. Da holten sich die Leute das Eis lieber im Geschäft. Das fanden sie wohl sparsamer. Deshalb hatten sie es auch weiter gebracht als die Leute in der Mau-Mau, die auf ihr Geld nicht so richtig aufpassen konnten. Mau-Mau nannte man diese dunklen Sozialsiedlungen, wo kinderreiche Familien wohnten. Die pinkelten angeblich auf den Tisch im Eßzimmer. Oder fuhren viel zu große Autos, der eine hatte einen Opel Kapitän, lässig den Arm raushängend bog er immer wie eine gesengte Sau in unsere Straße ein. Dieser Mann war ein Verbrecher, ein Gangster, wie sich mein Vater ausdrückte. Und das Mädchen von gegenüber poussierte mit Halbstarken. Und von oben die Frau rauchte beim Wäscheaufhängen in aller Öffentlichkeit und schrie immer nach ihren Jungs und der Tochter aus dem vierten Stock aus dem Fenster. Und umgekehrt schrien die Blagen immer nach ihrer Mutter wegen jedem Furz. Die Frau ließ dann den Schlüssel an einer Kordel aus dem Fenster runter oder ließ Butterbrote herab oder eine Flasche Milch. Aus dieser Welt waren wir nun entkommen. Heute ist die Straße mit Eigentumswohnungen bebaut, und ich frage mich, wo die Leute alle hin sind, die da gewohnt haben. Die neue Wohnung lag günstig, um mit der

Straßenbahn nach Essen zu fahren. So begann eine neue Ära und für meine Eltern samt Tante Erna ein Zeit voller Entbehrungen und schicksalhafter Verwicklungen. Die ersten Jahre bin ich auf dem Gymnasium der Zweitbeste in der Klasse. Vor allen Dingen Latein ist mein Fach. Da ich jedoch Knikkerbocker trage und rote Haare habe, werde ich von den anderen nicht sonderlich akzeptiert. Ich bin nicht sehr fleißig, aber um so mehr fällt es mir leicht, alles zu lernen. Außer Mathematik, Rechnen ist nicht mein Stil. Vor allen Dingen als auf einmal Algebra Mode wird, versage ich, der ganze Quatsch ist für mich nicht logisch. Kritik kann ich aber auch nicht vertragen, eine Zwei, die mir in Musik gegeben wird oder in Sport, ist mir zu wenig, ich fühle mich ungerecht behandelt. Außerdem sind meine Eltern nur Angestellte und körperbehindert, was will der eigentlich hier auf dem Gymnasium? Alle anderen, bis auf wenige Ausnahmen, und das sind unwahrscheinliche Intelligenzen, sind Kinder von reichen Leuten. Ich bekomme keinerlei Kontakt zu ihnen. Mir fehlt die selbstverständliche, joviale, selbstbewußte Ausstrahlung, mir steht mein kleinbürgerliches Elternhaus im Gesicht geschrieben. Das sieht man ja auch an den Klamotten, die ich anhabe. Und ich habe das Gefühl, daß diese Schüler nicht so gut in der Schule sein müssen. Heute ist mir klar, wie das so läuft, der Vater von einem dieser Typen geht mal eben zum Schuldirektor oder ähnliches, quatscht ein paar Takte mit ihm, weil er ihn sowieso vom Saufen her kennt, und der sagt dann dem Klassenlehrer: Hier, soundso! Mein Vater hätte so etwas niemals gemacht. Er war nicht so dämlich, er hatte einen unerschütterlichen Stolz. Und er war stolz auf seine Arbeit, seine Frau, seine Schwägerin, seine Kinder, sein Auto, einfach ein geradliniger Mensch. »Wir haben uns nie etwas zuschulden kommen lassen, Helge!« Und das ist wahr.

*

Mein Vater ist nur einen Meter fünfzig hoch, vielleicht ein bißchen höher, und genauso breit fast in seinem grauen Wintermantel. Er hat einen Buckel. Meine Mutter hinkt, und Tante Erna watschelt wie eine Ente. Sie kommt kaum vorwärts. Wenn wir spazierengehen alle zusammen sonntags, laufen meine Schwester und ich immer hundert Meter voraus. »Helge! Marliese! Warum geht ihr so weit vor!?« Auch das noch! Wir schämen uns fürchterlich. Eine lange Zeit. Später dreht sich das um, ich beginne auf meine Familie stolz zu sein, kein anderer hat so eine Familie. Ich schlafe jetzt gemeinsam mit meinem Vater auf einem Zimmer. Nachdem meine kleine Schwester auf die Welt kam, wurden Mama und Papa auseinandergelegt, Tante Erna schläft jetzt mit Mama im Ehebett. Marliese hat ein eigenes Schlafzimmer, Kerstin ist noch klein und schläft… ja, jetzt weiß ich es selbst nicht mehr, wo die schläft! Egal, ich höre nachts heimlich unter der Bettdecke Radio, Mittelwelle. Oma Wanheim hat mir ihr altes kleines Batterieradio geschenkt. Zum ersten Mal höre ich Jazz!

Ich soll noch ein zweites Instrument lernen, ich will unbedingt Contrabaß lernen, weil der so groß ist und tiefe Töne rauskommen. Ich bin aber mit meinen elf Jahren noch zu klein dafür, so besorgt man mir ein Cello. Ich bin ein bißchen enttäuscht. Als ich dann meine erste Unterrichtsstunde bekomme bei einem Privatlehrer, die Jugendmusikschule hat mich abgelehnt; weil ich unmusikalisch wäre und zu dünne Finger hätte, schäme ich mich zu Tode. Ich muß das Cello zwischen die Beine klemmen, und das sieht meines Erachtens total scheiße aus. Nie in meinem Leben habe ich so gesessen! Beine breit, das machen doch Mädchen! Ich fühle mich sehr, sehr unwohl. Doch ich bin sehr talentiert, mein Lehrer hat seine Freude an mir, obwohl ich kaum übe. Er sabbert ein bißchen, wenn er mit seinem eigenen Cello neben mir sitzt und wir im Duett spielen. Er hat einen komischen Namen, Pockhquatsmrehjiguelvee. (Der Name ist geändert!) Am schlimmsten ist aber immer die Straßenbahnfahrt dahin. Hoffentlich sieht mich keiner. Ich versuche, das große Instrument leger hinter mich zu halten, dabei gucke ich zum Fußboden hin, als such ich etwas. Leute, die mich kennen, grüße ich gar nicht, ich tu so, als wäre ich jemand anders. Gleichzeitig muß ich auf das wertvolle Instrument auch noch achtgeben. Ich habe es übrigens vor ein paar Jahren verkauft, es klang so trist. So furchtbar einsam. In dieser Zeit war ich sehr einsam, glaube ich. Die Pubertät. Ich sah irgendwie so bescheuert aus. So dürr und mit dicken Füßen, der lange Kopf, überhaupt, meine ganze Ausstrahlung. Noch keine Haare am Sack. In meinem Zimmer saß ich mit dem Cello auf den Knien und tat so, als wäre es eine Gitarre. Ich hatte schon mal Musik mit

35

Gitarre gehört, rockig und wild, ich wollte jetzt auch so was machen. Ich zupfte immer wieder in Ekstase drei, vier Töne. Dabei verschrappte ich das teure Instrument. Wenn ich nicht auf dem Cello fummelte, saß ich am Klavier und spielte auf den weißen Tasten. Ich brauchte dafür keine Noten. Ich begann zu improvisieren. Ich erfand Melodien, wenn auch erst mal nur eine. Im Radio hatte ich so ähnlich schon mal eine gehört. Unter diesem Eindruck muß auch meine entstanden sein. Stundenlang entlockte ich dem Klavier eine eigentümliche, sich immer wiederholende Musik, ähnlich wie man es von Keith Jarrett kennt. Verzückt lächelnd verdrehte ich dabei die Augen und fand so zu mir selbst. Genau wie Keith. Ich kannte ihn da allerdings noch gar nicht. Erst später machte mich jemand darauf aufmerksam, daß mich jemand aus Amerika imitiert. Ich ließ ihn nach Köln holen. Dort entstanden seine weltberühmten »THE KÖLN-CONCERTS«-Konzerte. Ich hielt mich im Hintergrund. Das Wahre war das nicht, zu viel Gedudel. Trotzdem hatte er Erfolg. Na ja, Wladimir und ich fanden alles etwas kitschig und wehleidig. (Horowitz).

Trotzdem ich ein hervorragender klassischer Pianist geworden wäre, entschied ich mich schon ziemlich früh, meine eigene Musik zu machen, zu improvisieren. Zum Improvisieren braucht man ungleich mehr Intelligenz als zum Notenlesen. Das forderte mich heraus. In der klassischen Musik war dies kaum möglich, sogar Glenn Gould hatte das erkannt, obwohl er sich redlich Mühe gab, seinem Freund Bach einen improvisatorischen Rahmen zu geben. Er verkleidete sich ja manchmal bei seinen Konzerten und wußte vorher nicht, wo er pennen sollte. Sein früher Tod ließ Bach den Kampf um sein eigenes jahrhundertelanges Diktat der Kadenzen gewinnen. Sogar in Hula-Hula-Musik hat er ja bekanntlich seine Finger drin. Nicht der alte Bach, der hat ja Trompete gespielt, sogar ganz gut.

Als ich vierzehn Jahre alt bin, verführt mich ein älterer Junge zum Rauchen. Ich beginne mit Stuyvesant, dann rauche ich eine andere Marke, bloß weil die Packung interessanter aussieht und sie kaum ein anderer raucht, Mercury. Erst ist mir eigentlich immer schlecht, aber der andere sagt, wenn man nicht raucht, ist man in unserer Gesellschaft nicht anerkannt. Ich sehe das ein. Heimlich rauche ich auch zu Hause auf dem Klo. Schon viel vorher hatte ich damit angefangen, auf dem Klo zu zündeln. Ich machte das Waschbecken voll Wasser, nahm ein paar halbe Walnußschalen, befestigte ein Streichholz als Segelmast darin und ließ die Schiffchen dann fahren, dabei entzündete ich das Streichholz, und die Schiffchen brannten ein bißchen.

So saß ich stundenlang auf dem Klo, und keiner vermißte mich. Die Wohnung stank nach abgebrannten Streichhölzern. Zu dieser Zeit fing ich auch damit an zu klauen. Ich mußte ja irgendwie an Zigaretten kommen, und mit dem Taschengeld von fünf Mark im Monat war das nicht zu machen. Ich wußte, wo Tante Erna ihr Geld aufbewahrte, nämlich im Schlafzimmer im Wäscheschrank. Das hatte ich mit meiner Spürnase herausgefunden. Die Versuchung war groß. Ich schlich mich ohne das geringste Geräusch ins Schlafzimmer und kramte im Schrank, ohne hinzusehen, im Portemonnaie meiner Tante herum, fingerte geschickt etwas Geld heraus. Dann, ohne zu atmen, wieder raus und in mein Zimmer. Oder beim Weggehen. Ich sagte, ich wolle raus, und dabei mußte ich immer sagen, wohin und so, dafür kam Tante Erna regelmäßig in den Flur, mit ihrer Schürze um. Ich stand vor ihr und ließ mich von ihr so lange hinhalten, bis ich unter ihre Schürze gefaßt hatte (dort trug sie eine Zeitlang auch ihr Portemonnaie) und, ohne zu klimpern, ein paar Mark herausgenestelt hatte. Dann war ich schnell verschwunden. Ich war mir sicher, daß sie nie etwas merkte. Bis zu dem Tag, als ich dann einmal sage und schreibe tausend! Mark aus dem Wäscheschrank genommen habe. Ich gab das Geld schnell aus, damals fing ich an, Haschisch zu rauchen. Danach beendete ich die Klauerei, merkwürdigerweise war auch auf einmal kein Geld mehr im Haus. Aber keiner hatte darüber geredet. Das schlechte Gewissen war eine schlimmere Strafe als alles andere. Ich fühlte mich jahrelang schlecht, flüchtete mich in blödsinnige Erklärungen, fand für mich selbst eine Berechtigung für diese Tat. Alles Quatsch, ich glaube, ich muß das Geld jetzt zurückgeben. Ich glaube, tausend Mark waren damals viel Geld, ein Arzt verdiente so etwa das Doppelte.

Ich hatte also angefangen zu kiffen. So nannte man das. Ein Schulkollege dealte damit auf dem Schulhof. Ich bekam unheimlich Akne. Die dicken roten Pickel bargen eine Unmenge Eiter und taten total weh! »Pickelface!« nannte man mich. Die von der Mädchenschule kamen drauf. Ich hatte keine Chance. Ich fand eine ganz gut und fragte sie, ob sie mit mir gehen will. Ich hatte ihr zu viele Pickel, vielleicht, wenn ich erwachsen bin. Das war das Aus.

Eine andere fand mich trotzdem nett, die wollte ich wiederum nicht. Einziger Grund: zu dürr! Ich wollte eine mit dicken Titten und dickem Arsch.

Mit zwei Freunden, die auch bei mir auf der Schule sind, machen wir oft Tonbandaufnahmen. Der eine hat nämlich eins. Bei ihm zu Hause findet das statt. Einer schrammelt auf der Gitarre, der andere liest aus dem Englischbuch vor, ich ziehe die ganze Zeit am Klo ab. Wir träumen davon, bald eine berühmte Band zu sein. Zunächst müssen wir natürlich eine Spezialkonzerthalle bauen, wo wir auch wohnen. Ulli ist ein befähigter Architekt, er zeichnet den Rohbau des Gebäudes, dann rechnet er die Kosten aus. Enttäuscht, da er auf eine Million Mark gekommen ist, will er die ganze Sache wieder abblasen. Das wäre unheimlich gut geworden, die Leute hätten keinen Eintritt bezahlen müssen. Wir zerstreiten uns, ich will, ohne Kosten zu scheuen, dieses Projekt durchziehen, die anderen finden es auf einmal illusorisch. Ich bin enttäuscht, wir wären die Superband der Neuzeit gewesen, vor allen Dingen auch mit intelligenter Musik. Die beiden anderen konnten übrigens gar kein Instrument. Ich meinte nur, es säh gut aus, wenn wir da so zu dritt auf der Bühne ständen.

Die Schule ist mittlerweile für mich so gut wie gestorben. Ich gehe morgens um sieben aus dem Haus, fahre aber mit der Bahn in die falsche Richtung nach Essen. Da latsche ich zwei Stunden rum und kaufe mir, als die Geschäfte aufmachen, ein oder zwei Flaschen Tokaier. Ein Freund hat mich auf diese Weinsorte aufmerksam gemacht. Er ist süß und schmeckt meinem noch kindlichen Gaumen, und ich werde trotzdem besoffen. Um elf macht schon die Disco »Pop-In« auf. Da gehe ich gewöhnlich hin, um auf Pink Floyd oder so zu tanzen. Meine Haare habe ich toupiert, damit mein Kopf etwas rundlicher wirkt. Dazu trage ich den hellbraunen Wildlederhut von meiner Oma mütterlicherseits, eine Jeans, die ich bis zum Knie in lange Fransen geschnitten habe, ich dachte, dann bekäme ich einen ordentlichen Schlag in der Hose, ein dunkelblaues Velvet-Hemd, wo ich mit Zigaretten unzählige Löcher reingeschmort habe, offen, darunter ein türkises anderes Hemd, das ich nur an der Hüfte zuknote, und ein Halstuch mit einer riesigen Damenbrosche. Dazu total unförmig getretene Wildlederschuhe, sogenannte Boots. Die ersten auf dem Markt. Ich wasche mir nun täglich zweimal die Haare, wenn es möglich ist. Vorher habe ich mir die Haare nur alle sechs Monate gewaschen, da habe ich immer Trockenshampoo von Frottee genommen und dann Birkenwasser rein, mindestens ein Liter am Tag, und mit Seitenscheitel zurückgekämmt. Jetzt fühle ich mich total groovy, ich bin ein Hippie. Ich tanze allein und werfe den Kopf weit ausholend vor und zurück, meine Haare sollen lang wirken, sehr lang! Ich ziehe beim Laufen den Kopf bis zum Gehtnichtmehr ein, damit meine Haare über die Schultern fallen. Die

Arme hängen wie angeklebt von den Ohren runter. Meine Hände sind wie Waschlappen. Ich mache riesenhafte Schritte, um auf öffentliche Verkehrsmittel weitestgehend verzichten zu können. Ich laufe den ganzen Tag. Für fünf Mark kaufe ich bei einem libanesischen Kunsthändler, von dem ich fest überzeugt bin, daß er Haschisch verkauft, wie übrigens alle Türken, eine Umhängetasche im Teppichlook. Dadrin habe ich die Flaschen und Tabak. Ich bin umgestiegen, ich rauche jetzt Tabak, Batavia. Oder Landewick Silber. Auch Pfeife. Meistens jedoch mit was drin. Ich habe immer dreckige Fingernägel und bekomme gelbe Nägel von dem Nikotin. Diese ganze Lebensweise hält mich aber nicht davon ab, Musik zu machen. Ich gebe den Cellounterricht auf, weil ich jetzt so spielen will wie Jimi Hendrix. Ich habe zwar noch gar nicht sonderlich viel von ihm gehört, doch mein Cellolehrer fällt aus allen Wolken, wie ich mit einer elektrischen Gitarre zum Unterricht komme und ihn dazu bewegen will, so wie Jimi Hendrix auf der Gitarre zu spielen. Ich glaube, er hat geweint, nachdem er mich dazu aufgefordert hat, sein Zimmer zu verlassen und mich nie mehr sehen zu lassen. Das Cello habe ich dann nicht sofort weggeschmissen, ich benutzte es, als ich erstmals in einer Band mitspielte, als Sologitarre. Der Gitarrist der Band spielte Hendrixmusik ganz gut, und ich äffte ihn nach. Gestrichen. Da war noch einer mit einem Waldhorn, den wollten die aber nicht haben. Die Bandmitglieder waren durchweg zehn Jahre älter als ich, sie ließen mich trotzdem mitspielen, ich war ein neuer Eindruck für sie. Fast täglich wurde in einem Jugendheim geprobt. Probe konnte man das allerdings nicht nennen, denn sie spielten immer vor Publikum. So hatte ich die Möglichkeit, etwas über Zusammenspiel zu erfahren. Der Sänger sang in Englisch, konnte jedoch kein einziges Wort. So entstand ein unglaubliches Kauderwelsch. Oft hechelte er auch nur ins Mikro, wie ein Hund. Das habe ich kürzlich wieder von Al Jarreau gehört, das hat

der alles vom Fifi, so hieß unser Sänger, geklaut! Bei den Damen kam unser Fifi selbstverständlich supergut an. Er hatte an jedem Finger zwei!
Die wollten wohl gern gepoppt werden. Ich selbst wußte

Probe
im
Jugendheim

noch nicht, wie das geht. Ich dachte immer, das Loch wäre oben, da, wo auch der dreieckige Haarwuchs bei der Frau ist. So war es mir auch vollkommen unverständlich, als ich das erste Mal an einer Frau rumfummelte und die gar kein Loch hatte! Ich zog verunsichert meine Hand aus ihrer Hose. Dann war Schluß. Aber das sollte erst viel später kommen. Meine ganze Aufmerksamkeit gehörte jetzt der Musik. Von meiner Schwester hatte ich eine Schallplatte gehört mit Musik von Ronald oder Roland Kirk, einem blinden Saxophonisten und Flötenspieler aus Amerika. »Serenade for a coocoo«, ein schönes Lied mit Flöte. Der Rhythmus und diese fremdartige Me-

Erste Auftritte mit der Band

lodie, die sich zwar wiederholte, doch immer anders war, faszinierten mich ungemein. Das ging alles wunderbar leicht! Auch fand ich die Tatsache, daß Roland Kirk mehrere Instrumente, nämlich Tenorsaxophon, Sopran und Flöte, gleichzeitig spielt, dabei auch noch improvisiert, kaum zu fassen. Ich war sofort Fan geworden. Genauso auch bei Miles Davis, ich fand tatsächlich eine Platte auf dem Müll! Was für ein Zufall! Ich interessierte mich für alle Instrumente, die es gibt. Wenn es mir möglich war, besorgte ich mir diese Instrumente auch. Den Contrabaß zuerst. Ich hatte Konfirmation gehabt, und wie das so üblich ist, bekommt man dann von den Verwandten immer Geld geschenkt. Und Handtücher, einen Schlafanzug, eine Uhr. Ich war mit zwölf Jahren auf diese Weise vermögend geworden, fast dreihundert Mark waren zusammengekommen. Davon hatte ich mir einen Contrabaß gekauft. Nur zufällig, denn eigentlich war ich mit unserem Schlagzeuger mit dessen Auto unterwegs gewesen, um eine Orgel zu besorgen. Da aber Hammondorgeln, und kaum eine andere kam in Betracht, eine große Stange Geld kosteten und ich total enttäuscht feststellte, daß ich mir so eine Orgel niemals in meinem Leben leisten könnte, kam es mir gerade recht, daß in einem Musikgeschäft ein alter, gebrauchter Contrabaß stand, für dreihundert Mark. Immer schon wollte ich so ein Ding haben. Ich griff zu. Und übte von da an den ganzen Tag auf dem Ding. Was mußte unser Nachbar wohl für Gefühle gehabt haben? Er schlief direkt unter meinem Zimmer und machte im Stahlwerk Wechselschicht. Sehr oft klopfte er mit dem Besenstiel oder mit einem Stuhl an die Decke. Diesen Menschen habe ich fertiggemacht. Ich glaube, ich war mit schuld daran, daß seine Ehe zerrüttet ist. Einer seiner Söhne hat sich auf jeden Fall mal bei mir dafür bedankt, daß ich seinem Vater das Leben so schwergemacht habe. Zwölf Stunden lang am Tag Baß-Solo! Das hält keiner aus. Auch Papa nicht. Slam Slam Slam, de huiingg, debomm, bmommmm,

44

rrbommm, doiing, doiing, de bommmmmmm...
SCHLAPP, SCHLAPP, SCHLAPP, der Alte kommt rein
und haut mit seiner ganzen Kraft mit der Faust auf den Baß!
Da ist er kaputt.

Fifi hat mir übrigens ein Saxophon geschenkt. Ein altes Ding, silbern mit rubinenbelegten Griffklappen. Es muß aus den zwanziger Jahren sein. Marke: Adler. Wenn ich rausgehe, habe ich es um und versuche darauf zu spielen. Auf der Straße, überall. Ein zweites, kleineres kommt dazu, ich kaufe es in Essen bei einem An- und Verkauf. Es kostet einhundertundfünfundvierzig Mark, mir fehlen fünf Mark dazu, ich muß meine rote Jazzgitarre für nur fünf Mark an den Halsabschneider verkaufen. Diese Gitarre hatte ich mir, glaube ich, geliehen von einem. Hoffentlich liest der das Buch nicht!
Zu der Zeit ging ich immer in einen Laden, King-Klub. Da lernte ich meine erste Freundin kennen, sie lieh sich meine Bürste, mit der ich mir oft vor allen Leuten die Haare toupierte. Wir gingen spazieren und hielten ein bißchen Händchen. Ich schenkte ihr meine selbstgemachte Lederweste. Sie stand ihr gut. Sie wollte immer was von mir, was ich nicht verstand. Sie hat es aber auch nicht direkt gesagt, ich glaube, sie wollte ficken. Also gingen wir nur so rum, und es war ja Sommer, und wir hielten uns viel im Freien auf. Mittlerweile hatte Neckermann bei uns ein großes Kaufhaus gebaut, davor war einer dieser langweiligen Plätze, wovon die Welt nun vollgestopft ist, mit einem Brunnen so groß wie ein Freibad, aber nur zehn Zentimeter tief. Da waren auch schon ein paar Blumenkübel mit Gebüsch. Da saßen wir, ich hielt ihre linke Hand. Um sie herum war eine Traube von Türken, die an ihr rumtätschelten und sie sogar knutschten. Einer strich ihr mit der Hand die Beine hoch bis unter ihren ziemlich kurzen Minirock. »Hier ist die Wiese, und da ist der Wald!« Das vergesse ich nie. Ich habe mir aber überhaupt nichts daraus ge-

macht. Ich glaube, die war eigentlich ganz nett, ich wußte nur nicht, was man so macht und wie. Mit einer Freundin. Irgendwann wollte sie nichts mehr von mir wissen. Ich weiß gar nicht, warum. Ich glaube, sie hatte für mich nur einen einzigen Makel: Sie war genau einen halben Zentimeter zu klein. Aber damals gab es noch nicht die chirurgischen Möglichkeiten wie heute, man sägt heute ein Stück aus dem Gebein, streckt das Bein auf die erforderliche Länge und läßt einfach das Knochenmark selbst diese Lücke ausgleichen, indem es zusammenwächst. Dadurch verändert sich das gesamte Gleichgewichtsverhalten, meist sind meine Patienten jahrelang von dieser postoperativen »Krankheit« in Mitleidenschaft gezogen, sie fremdeln dann. Ich hatte neulich zum Beispiel einen Fall, da sollte einem Mann der Gang verändert

Mein Arztzimmer

werden, weil er O-Beine hat. Dort genügt es nicht nur, die Beine seitlich aufzufräsen, man muß eine Tomographie entstehen lassen, am ganzen Körper. Der Patient wird in Scheiben geschnitten und muß dann erst mal nach Hause, wo ihn seine Familie wegwirft, weil sie kein Fleisch essen. Pech gehabt. Kann ich nichts dafür, wer zu mir kommt zum Operieren, muß auch selbst etwas dazu beitragen.
»Sie können jetzt nach Hause gehen, Schwester Hildegard!«
So, jetzt mach ich noch ein bißchen Abrechnung. Mal sehen, wieviel ich heute wieder verdient habe.

Ich fliege von der Schule. Nachdem ich einmal hängengeblieben bin, gehe ich kaum noch hin. Mein Vater bringt mich jetzt zur Schule, mit dem Wagen, und wartet, bis ich hinterm Schulportal verschwunden bin. Dann haut er wieder ab. Ich gehe vorne in die Schule rein und hinten wieder raus. Dann laufe ich zur Ruhr und gehe stundenlang spazieren. Einen hinderlichen Tornister brauche ich nicht mitzuschleppen, da ich lediglich nur noch ein paar Blätter Schreibpapier und einen Kuli mit zur Schule nehmen muß, so habe ich das meinen Eltern erklärt. Ich stehe in nahezu allen Fächern ungenügend. In Französisch, eine Sprache, die ich bis heute nicht kapiere, brauch ich erst gar nicht hinzugehen, ich habe mit dem Lehrer eine Abmachung, ich komme nicht in seinen Unterricht und bekomme dafür von vornherein eine Sechs. Das kommt mir natürlich sehr entgegen. Ich fälsche Unterschriften meines Vaters. Vom Lottoschein habe ich zunächst den Schriftzug durchgepaust, nachher kann ich ihn auswendig. Ich mache nur einen einzigen Fehler: Als ich einmal als Entschuldigung für das Fehlen im Unterricht schreibe, »mein Sohn hatte Angina pectoris«, fliege ich auf! Mein Vater soll zum Direktor kommen, und sie zeigen ihm die unzähligen Schreiben, in denen er erklärt, ich sei, teilweise sogar für Wochen, erkrankt. Damit konnte er nicht rechnen.

Irgend jemand erzählt mir, wenn man Diakon wird, bekommt man schon mit sechzehn ein eigenes Zimmer in der Diakonieanstalt und einen Job als Altenpfleger oder ähnliches. Da verdient man dann einhundertundfünfzig Mark im Monat. Ich will da unbedingt anfangen. Meine Eltern sind damit gar nicht so einverstanden, sie haben schon Prospekte von Erziehungsheimen zu Hause liegen. Zum Glück nehmen die Diakone mich nicht, ich versuche noch mal als Krankenpfleger unterzukommen, die Nonne fragt mich, warum ich das machen will, da sage ich, »find ich eben spitze, Menschen helfen und so, außerdem interessiert Sie das ja wohl gar nicht, Sie wollen doch sowieso nur den Leuten das Geld aus der Tasche ziehen, ich würde auch gerne etwas später anfangen mit Arbeiten, so vielleicht in vier, fünf Wochen, ich will noch nach Spanien.« Die Nonne sieht bei mir nicht den Willen, diesen Beruf auszuüben, sie sagt, das ist auch gar kein Beruf, das ist Berufung.

Noch ein Modeberuf ist in diesem Jahr auch Dekorateur, Schaufenstergestalter. Ich mache zwei Wochen Probezeit in einem Gardinengeschäft. Dort sitze ich den ganzen Tag im Keller und schaue den Polsterern bei ihrer seltsamen Arbeit zu. Sie rupfen Gewöll aus alten Schemeln, um neues Gelumpe hineinzustopfen, dann wird zugenäht. Sie nennen es Räuberscheiße, und einer von ihnen, er ist wohl nicht gelernter Polsterer, ist nur dafür zuständig, das überflüssige Zeug in einer großen Holztrommel, die aufrecht in der Ecke steht, zusammenzupressen. Er schmeißt was in den Trog, und dann dreht er einen großen Hebel mehrmals um seine eigene Achse. Das soll ich zuerst lernen. Ich kann es nicht. Mittags kommt die Chefin ans Kellerfenster und wirft ein paar beschmierte Stullen runter, man sieht nur ihre Stöckelschuhe, dann kurz ein Gesicht. Alle sind gut gelaunt. Ich nicht. Dann muß ich mit dem Meister auf Außendienst. Wir hängen bei steinreichen Leuten Gardinen auf. Die Leute selber bekommt man nicht zu Gesicht, nur die Köchin oder den Elektriker. Die Gardinen hängen in fünf Meter Höhe, deshalb sind unsere Fachkräfte erforderlich. Ich bekomme Depressionen. Wir sollen auch einmal ein kleines Sofa bei einer echten Gräfin, sie ist alleinstehend, verrücken. Es ist ein oranges Plüschteil mit Messingbeinchen, aus den sechziger Jahren, ein denkbar unförmiges Ding, es wiegt höchstens drei oder vier Pfund! Ich soll schon mal in den Wagen zurückgehen. Ich glaube, mein Meister mußte die dann noch poppen!

Er kam nach einiger Zeit mit einer Allergie aus ihrer Souterrain-Wohnung.

Ich kündige. Danach werde ich ausnahmsweise auf der Mittelschule angenommen, trotz meiner Vergehen auf dem Staatlichen Gymnasium. Der Direktor mag mich wohl. Ich gehe ein paarmal hin und lege mich mit meinem Klassenlehrer an. Als ich zu spät in den Unterricht komme, wirft er mit einem Buch in meine Richtung. Ich schnappe gelenkig das Buch und werfe es gekonnt zurück, außerdem noch meine ganzen Sachen, die ich mithabe, auch Eßsachen. Dann hau ich ab. Ich bin wieder zur Ruhr runter, wie eigentlich fast täglich. Es hat nicht aufgehört. Ich fliege wieder von der Schule, diesmal ist es besonders schlecht, es war meine letzte Chance, einen Schulabschluß zu erlangen. Ich hatte alles versucht, um zu bleiben, ich wollte mich richtig krank schreiben lassen von einem anerkannten Psychologen, dem man nachsagte, er würde auch Hasch rauchen! Ich zog mit Tante Erna los, zu einer Untersuchung. Ich hatte mir außerdem vorgenommen, Tante Erna auf diesem Wege für verrückt erklären zu lassen, ich hatte den Termin selbst vorgeschlagen. Ich hatte bis zuletzt das Gefühl, Tante Erna dahin zu bringen, nicht sie mich. Ich kam sofort dran, der Arzt schaute mir kurz in die Augen und sagte, nachdem er Tante Erna rausgeschickt hatte: »Hör auf zu kiffen.« Dann verschrieb er mir Librium-10, ein Beruhigungsmittel, das in meinen Kreisen als Aufputschmittel sehr beliebt war. Und er schrieb mich rückwirkend langzeitig krank, »Wandertrieb« war seine Diagnose. Ich glaub, er hatte recht. Noch heute bin ich ein rastloser Mensch. Ich habe mir schöne Wanderschuhe gekauft. Als ich vor zwei Jahren mit Andrea und den Kindern in Österreich im Gebirge war, suchte ich fast zwei Wochen tagtäglich nach solchen Schuhen in allen möglichen Geschäften und war unansprechbar. Als ich sie dann hatte, bin ich damit ein einziges Mal einen Berg hochgegangen, die anderen mußten selbstverständlich mitgehen. Am nächsten Morgen sind wir nach Hause gefahren. Zum Gasgeben sind die Schuhe eigentlich noch besser als zum Bergsteigen.

Ich muß zum Arbeitsamt. Da sitzt ein Kerl, der mir unbedingt eine Stelle als Bürokaufmann andrehen will. Ich sitze in der Berufsberatung und muß erst mit Klötzchen Häuschen bauen und dann ein bißchen rechnen. Dann soll ich noch eine Garage malen. Er hat was für mich gefunden, ich soll Bauzeichner werden, er hätte ein Angebot, der Architekt würde auch einen nehmen, der keine mittlere Reife hätte. Ich hatte überhaupt keinen Schulabschluß.
Mit Tante Erna gehe ich, um mich vorzustellen. Weil ich ja jetzt lange Haare habe, habe ich mir, damit ich auch bestimmt genommen werde, von einer Bekannten eine ziemlich billige Kunsthaarperücke ausgeliehen. Ohne eine geringste Regung im Gesicht und ohne Fragen diesbezüglich stellt der Mann mich an! Ich soll schon nächste Woche anfangen. Der erste Arbeitstag ist ein ausgesprochenes Martyrium. Ich muß um sechs Uhr aufstehen, dann fahre ich erst mit der Straßenbahn und warte in der Stadt eine halbe Stunde auf den nächsten Bus. Dann stehe ich im vollgepackten Autobus und fahre noch mal eine halbe Stunde. Dann steige ich aus und brauche nur einen einzigen Schritt bis zur Haustür meiner neuen Arbeitsstelle. Die Fahrt im Bus war nicht zuletzt deshalb besonders anstrengend, weil ich die ganze Zeit über der Perücke noch eine Pudelmütze aufhatte, damit ich mich nicht ganz so zu schämen brauchte, wenn mich jemand erkennt. Die Monate im Architekturbüro waren so ungefähr die langweiligste Zeit, die ich je in meinem Leben hatte. Hinter mir stand ein Aquarium, das unentwegt leise vor sich hin gluckerte und plitscherte. Das macht müde. Dann war ich immer allein im Büro und saß vor einem großen Zeichentisch. Wenn ich drü-

ber weg schaute, war da die Bushaltestelle, an der alle fünf Minuten ein Bus hielt. Nach einer Zeit kannte ich fast jeden, der da einstieg. Sehnsüchtig schaute ich ihnen nach, sie konnten gehen, wohin sie wollten, dachte ich dann. Auch Frauen standen da so rum. Ich guckte eigentlich immer nur raus. In dieser Gegend fiel mir ein merkwürdiger Typ auf. Er ging Trompete spielend durch die Straßen, und die Leute schmissen Geld aus dem Fenster, weil sie es so schön fanden.

Die Perücke habe ich nach zwei Wochen zu Hause gelassen, der Architekt ist aus allen Wolken gefallen – jetzt sah er meine langen Haare und wollte, daß ich zum Frisör gehe. Da war er aber bei mir an der falschen Adresse. Meine Haare waren mittlerweile das Allerwichtigste, was es auf der Welt für mich gab, noch wichtiger als Musik machen. Denn Musik als Kurzhaariger, nicht dran zu denken. Ich erfand damals den Begriff »Kurzhaarschwein«.

Bald habe ich die längsten Haare in der Stadt. Außer einem, der hat vor Jahren schon angefangen, seine Haare wachsen zu lassen. Er ist ein echter Hippie, geht nicht arbeiten und bewohnt bei seiner Mutter ein eigenes Zimmer. Da macht er fast jeden Tag eine Fete, schon ab mittags. Man sitzt auf dem Boden und kifft, hört Zappa und Santana. Ich bringe einmal ein Tonband mit eigener Klaviermusik mit. Das hören wir ein bißchen, dann gehen wir raus, in die Stadt. Auf dem ganzen Weg hat er das Tonband in der einen Hand, und mit der anderen wickelt er das Band ab, so daß eine kilometerlange Spur entsteht. Die Aufnahme ist damit unwiederbringlich verloren. »Halte nicht fest an irdischen Dingen! Die Gegenwart ist bereits Vergangenheit! Frage nicht nach jetzt und nie, all das ist relativ, alles ist gleich und anders!« Ich glaube, er hat recht. Ich bin sein Jünger und verehre ihn. Er hat die längsten Haare. Trotzdem bin ich ein bißchen sauer, wegen dem Tonband. Aber je länger ich darüber nachdenke, wird mir klar, daß er das nur gut meinte.

Meine Lehrstelle als Bauzeichner ist unterteilt in mehrere Berufe. Ich muß nach einem halben Jahr ein Praktikum auf einer Baustelle beginnen. Mein Lehrherr fährt mit mir in seinem dicken Citroën zu einem Neubau mit Flachdach. Da steigen wir auf einer Leiter nach oben. Oben angekommen, werde ich dem Bauunternehmer vorgestellt, der schon wartet. Ich darf gar nicht runtergucken, da wird mir sofort schlecht. Das erste, was der Mann in schwindelnder Höhe sagt, ist: »Haare ab!«. Das geht natürlich nicht. Ich mache mir also immer einen Zopf und setze mir eine Mütze auf, wegen den Sicherheitsbestimmungen. Ich werde von Anfang an »Susi« genannt. Neben der Baustelle, wo ich arbeite, ist eine große Straßenbaufirma. Wenn die an unserer Baustelle vorbeifahren, hängt immer einer aus dem Führerhaus raus und schreit mit Leibeskräften: »Halloooo! Maaaargreeeet!«, und das alle paar Minuten. Dabei machen sie so Fickzeichen mit den Fingern. Meine Kollegen halten überhaupt nichts von mir. Ich habe nämlich keinen Einstand gegeben. Hab keine Ahnung, was das ist. Daher werde ich wie Dreck behandelt. Man redet überhaupt nicht mit mir, nur zur Bude soll ich immer gehen, Doornkaat holen. Sie geben mir abgezähltes Geld mit, und ich bringe jedem ein Fläschchen mit. Dann muß ich wieder an die Arbeit. Mein erster Arbeitstag sah folgendermaßen aus: »Hey! Stift! Bring mal die Sackkarre in den vierten Stock! Los, los! Du Schwächling!« Ich schleppe das Ding nach oben, dauert eine halbe Stunde fast, ist sehr schwer. Oben angekommen, soll ich dem Maurer die Karre geben. »Herr (?), Entschuldigung, Herr Hackbeil (so hieß der Polier, er trug immer verspiegelte Sonnengläser und einen weißen Maurer-

anzug) hat gesagt, ich soll Ihnen die Sackkarre bringen.«
»Haust du wohl ab, du Arschloch?! Komm, komm, komm,
mach voran, verpiß dich, du Schwein!« Ich wieder runter.
Unten, der Polier stand schon parat: »Was ist das?! Los, los,
nach oben, hab ich gesagt! Wird's bald?!« Mit verschränkten
Armen. Ich wieder nach oben. »Herr Hackbeil hat aber gesagt, Sie brauchen die Schubkarre.« »Hauuuu ab, du Sau!«
und schmeißt mit Speis um sich. Da hab ich die Karre einfach aus dem Fenster geschmissen, ohne zu gucken, ob
jemand da unten steht. Leider stand der Polier etwas weiter
weg. An diesem ersten Tag kommt kurz vor Feierabend Be-
ton. Wenn man ihn nicht sofort verarbeitet, wird er hart. Ich
soll Überstunden machen. Um Punkt vier werfe ich mich
atemlos aufs Fahrrad und rase wie von der Tarantel gestochen von der Baustelle. Ohne mich. Deshalb bekomme ich
auch die zwanzig Mark, die mir der Bauunternehmer pro
Monat bei guter Führung versprochen hatte, erst gar nicht.
Ich arbeite umsonst, fast dreiviertel Jahr lang.
Als ich einmal in schwindelnder Höhe anstelle des Zimmer-
manns, der sich nicht traut, Nägel aus einer Verschalung
ziehe, schreit der hoch: »Hey, du Nutte, beeil dich!« Er ist
fest davon überzeugt, daß ich schwul bin, weil ich einen Zopf
trage. Ich muß zugeben, mit meiner giftgrünen Schleife im
Haar und dem blauen Schlafanzug über meinen normalen
Klamotten wirkte ich wohl etwas provozierend auf die Typen. Den Schlafanzug hatte ich gewählt, weil ich mir nicht
immer meine selbst enger genähte Cordhose versauen wollte.
Ich besaß keine andere Hose. An diesem Tag habe ich eine
Kellerwand gemauert, und der Polier trat sie mir anschließend ein mit den Worten: »Machse noch mal, ja?« Ich saß bis
in den späten Abend und schmiß Kalksandstein auf Kalksandstein. Die sind auch schwer. Die Mauer war mir nicht so
gut gelungen, ich trat sie selber ein. Am nächsten Morgen war
mein Entschluß klar, ich wollte eine Sehnenscheidenentzün-

56

dung markieren. Mit verbundenem Arm kam ich zur Arbeit.
Von weitem sah mich schon der Polier und rannte auf mich
zu. »Haust du wohl ab, du Arsch! Los, hau ab, hab ich gesagt!« Er ließ mich nicht auf die Baustelle. Ich segelte galant
an ihm vorbei und radelte weiter. Immer weiter, Richtung
Essen. Ich faßte schnell einen Entschluß, ich war von zu
Hause abgehauen.
Ich hatte zu Hause ziemlich Schwierigkeiten gehabt, zuletzt.
Ich saß in der Küche und trank Milch aus der Plastiktasse, da
schlabberte ich ein bißchen. Tante Erna, die sich immer in
der Nähe der Küche aufhält, sieht das und haut mir voll mit
dem nassen Lederlappen durchs Gesicht. Ich bin schon sechzehn Jahre alt bald! Ich schlage zurück. Mit den Pfannekuchen, die sie eben in mühevoller Arbeit hergestellt hat, be-
werfe ich sie, bis keiner mehr übrig ist, dann nehme ich die
beiden Tüten Milch und stülpe sie ihr, nachdem ich sie ge-
öffnet habe, über den Kopf. Papa hat im Wohnzimmer das
Gerangel mitbekommen und wetzt in die Küche, mit flacher
Hand beginnt er, auf mich einzuwirken. Ich haue mit der
Faust zurück. Währenddessen steht meine Mutter schon am
Apparat und hat die Polizei angerufen. »Schnell, kommen
Sie, mein Sohn wirft mit Pfannekuchen nach seiner Tante!«
Wenig später treffen die Beamten ein. Ich habe mich bereits
im Kinderzimmer verschanzt und das Klavier vor die Tür
geschoben. Die Beamten bekommen die Tür nur einen Spalt
breit auf und sind etwas verdutzt, wie ich da sitze, Boogie-
Woogie spiele und Erna, Papa und Mama nicht wissen, wie
sie mir zu Leibe rücken können. Kopfschüttelnd ziehen sie
wieder ab. Sie erklären noch, daß bewußter Fehlalarm straf-
bar sei.
Da bin ich nun also weg von zu Hause. Ich bin nach Essen
geradelt, ich weiß, daß da meine Schwester bei ihrem Freund
wohnt zur Zeit. Keiner macht auf, als ich schelle. Also breche
ich durch die Haustür ein. Ich zerschlage eine kleine Scheibe

und führe die Hand durch, um die Klinke zu bewegen. Dabei hau ich mir voll den Ellenbogen auf einen hochstehenden Glassplitter. Der Nerv ist getroffen. Schnell wird der Ellenbogen ganz dick. Und tut weh. Oben in der Wohnung pennen alle noch, die Eltern von dem Typen sind weggefahren, und eine Fete löst die nächste ab. Immer sind Leute da. Und Rauschgift ist immer dabei. Und auch Sexualität! Die Mädchen verbringen den ganzen Tag damit, dem kleinen Pudel der Eltern einen zu wichsen. Sie haben keinen Erfolg, der Pudel hat wohl kein Interesse an Menschen. Als meine Eltern mich suchen, kommen sie natürlich auch dahin. Ich verstecke mich auf dem Speicher hinter einem Bettlaken. Mein Vater schnüffelt im Speicher rum, aber er sieht mich nicht. Ich bin ja, wie gesagt, hinter dem Bettlaken. Abends dann suchen sie mich, diesmal mit Polizeibegleitung, im einschlägigen Drogen- und Jazzlokal der Stadt. Natürlich bin ich auch da, doch diesmal ist mein Platz hinter dem Zigarettenautomaten. In diesem Lokal spielt eine komische Band, die Frau ist nackend am Schlagzeug, und der Mann ist angezogen und bläst in einen Rohrstock. Limpe / Fuchs, eine sogenannte Freejazz-Formation. Auch ich habe in diesem Lokal meinen ersten Auftritt als Alleinunterhalter, ich klimpere stundenlang Take Five und singe auch mein Petticoat-Lied. Ein tolles Lied! Ich grunze in vermeintlichem Englisch eine Zeitlang vor mich hin, um dann ein krächzendes und meines Erachtens besonders bluesiges »Yääh, yääh, gatte gatte Petticoat!« loszuwerden.

Keiner hört wirklich zu, alle sind eigentlich da, weil sie nicht wissen, wo sie sonst hingehen sollen. Und man kann Haschisch kaufen, obwohl andauernd Razzia ist. Dann läßt man eben schnell alles fallen. Nur ich muß aufpassen, ich bin noch keine sechzehn, ich darf da gar nicht rein. Vor dem Laden ist eine Hochgarage, da stehen die Leute schon um fünf Uhr nachmittags. Um neunzehn Uhr dreißig macht der Laden auf.

In der Hochgarage ist immer viel los. Da kommt der Mao, der ist barfuß und hat nur einen weißen Kaftan an, mit glattrasiertem Schädel, er spielt Querflöte, da ist der schöne Rolli, kaum einer ahnt, daß er fixt, oder der eine, der den Papagei seiner Mutter mit dem Beil zerteilt hat; da sind Pärchen, die in inniger Umarmung versunken sind, da ist Bongo, der auf seine Bongos haut und lacht, begleitet von einem schmächtigen, blassen Typen, der ernsthaft klassische Gitarre spielen will. Den Mittag haben diese Leute zum großen Teil in der Stadtmitte in der Teestube des Aspekte, einer Art Drogenberatung mit Café, verbracht.
Viele hatten einen Schlafsack mit, ich bin sicher, daß keiner von ihnen darin übernachten mußte, auch ich hatte mir einen gekauft, man trug ihn lässig zu den üblichen Taschen und Seesäcken, die man eigentlich auch nicht brauchte.
In der Grugahalle oder in der Pädagogischen Hochschule sind auch oft Pop- und Blues-Konzerte. Erst spielt Wolfgang Dauner, dazu fängt ein Jesuspeoplepärchen sofort an, wie wild draufloszutanzen, dabei reißen sie sich die Klamotten vom Leib und sind auf einmal nackend. Danach kommt das schwedische Damenballett, eine total moderne Performance mit unverständlicher Message, außer daß sie sich mit Ölfarben auf nackter Haut bemalt haben. Dann ein Gitarrespieler ohne Verstärker, anschließend die noch unbekannte Band »Kraftwerk«. In den Pausen stürz ich mich an den Flügel und mach auch mit. Gleichzeitig ist Soundcheck. Alle sind zu bis über beide Ohren, getrunken wird nichts. Das ist, glaub ich, auch der Grund dafür, daß alle Läden, wo ich verkehrt habe, zugemacht haben.

Ich bin ein richtiger Spaßvogel! Schon als Achtjähriger laufe ich den ganzen Tag hinter meiner Schwester her und überrasche sie zu jeder Gelegenheit mit lustigen Fratzen. Ich übe die Fratzen vor dem Spiegel. Ich erfinde immer wieder neue. Bis zur totalen Entstellung verziehe ich mein Gesicht. Den Anlaß dazu gegeben hat mir der berühmte Clown Adrian Wettach, genannt »Grock«. Das Buch, das bei uns im Regal stand mit den vielen Fotos, ist seine Biographie. Er wird für mich zum Idol. Auch er konnte sagenhafte Fratzen schneiden. Und er war ein unglaublicher Angeber. Genau wie ich. Wenn ich zum Fußballspielen ging, zum Beispiel, bildete ich mir ein, einer der größten Torwarte aller Zeiten zu sein. Mit dem Ausruf »Radiii« fletschte ich mich nach dem Ball, das Tor war allerdings so hoch, daß ich niemals der oberen Latte auch nur näher wie einen Meter kam. Außerdem trug ich Schuhe aus dem Krieg von meinem Opa, mit Stahlkappen vorne und hinten, ich durfte nicht mehr mitspielen. Tja, schade vor allen Dingen, weil ich ja auch schon angefangen hatte, Fußballbilder zu sammeln, nach meiner großen Zeit als Autoquartettspieler.

Eigentlich paßt dieser Drang zum Fratzenschneiden nicht zu mir, da ich ja, wie ich eingangs schon erwähnte, besonders männlich wirken will. Aber das vergeß ich dann immer, außerdem habe ich gelesen, daß Grock zum Beispiel, wie auch viele andere Komiker, privat überhaupt nicht lustig war, nur manchmal. Einige Komiker sind sogar unausstehlich, sie schikanieren ihre Familien, sind nur auf der Bühne oder im Film lustig, weil sie nichts anderes können. Manche sind da so reingerutscht, sie wollten schwere Charakterrollen spielen und sind zu klein oder zu dick. Es gibt sogar gemeine Verbrecher unter ihnen.

Mit diesen penetranten Gesichtern ging ich natürlich meiner Schwester und nachher allen andern total auf den Wecker. Ich habe ungeheuerliche Energien. Dazu verstellte Stimme. Ich mache mich sehr häßlich. Deshalb war ich lange Jahre sehr einsam.

Meine Pickel machen sich auf dem ganzen Kopf, sogar in den Haaren, auf den Schultern, Brust, Rücken, dem ganzen Oberkörper, teilweise auch am Sack breit. Es sind hohe Knubbel, zunächst hautfarben, wenn ich dann dran rumdrücke, werden sie schnell rot bis bläulich, violett. Innen ist dicker Eiter. Ich habe sogar welche, die sind so groß wie Hühnereier fast. Es entstellt mich. Dazwischen leben viele, viele Mitesser. Die sind klein und entweder schon schwarz oder noch frisch. Ich gehe zum ersten Mal zu einem Arzt. Ein Hautarzt. Er verschreibt mir eine geleeartige Salbe zum Auftragen. Sie riecht widerlich. Ich behandel meine Akne damit. Jetzt blüht sie erst richtig auf! Die Pickel werden hart und schmerzen fürchterlich. Mit den Fingernägeln, manchmal sogar mit Hilfsmitteln wie Stecknadeln oder ähnlichem, quetsche ich die Dinger aus. So geht das jahrelang, mindestens zehn Jahre. Durch das ständige Dranrumdrücken vermehren sich die Pickel natürlich. Mein seelisches Gleichgewicht ist schwer in Mitleidenschaft gezogen. Oft geht mir bei den unmöglichsten Situationen eine Pustel auf, am Kragen zum Beispiel, und dann ist der ganze Kragen rot verschmiert.

Ich bin froh, daß diese Zeit vorbei ist. Manchmal meldet sich zwar noch ein Pickel, aber da guck ich gar nicht hin, den beachte ich gar nicht. Ich bin mir sicher, daß ich diese grauenhafte Hauterscheinung nur loswurde, weil ich irgendwann aufgehört habe, mich zu waschen. Dadurch regenerierte sich meine Haut. Ab und zu kann man aber ruhig mal mit Wasser in Berührung kommen, nur nicht mit Seife, Seife ist schlimm. Am schlimmsten ist sogenannte Akneseife, wenn man sich damit eine Zeitlang wäscht, wacht man eines Tages in der Hautklinik auf.

Ungefähr eine Woche war ich weggewesen, jetzt empfand ich eine Art Reue. Ich radelte nach Hause zurück, in der Hoffnung, daß sich etwas ändern würde. Auf dem Weg bog ich an einer Abzweigung in die falsche Straße ein und kam irgendwie nach Bottrop. Ich verließ mich nur auf meine Nase. So brauchte ich einen ganzen Tag, bis ich wieder an unserer Haustür schellen konnte. Wir Schneiders haben einen Spezial-Schelle-Kode: dreimal schnell hintereinander, sonst nichts. Zum Glück war nur Mama zu Hause. Sie schimpfte nicht mit mir. Sie war froh, daß ich noch lebte.

Ich hatte gehört, daß man in Duisburg ohne Abitur Musik studieren kann. Dort auf dem Konservatorium beantragte ich eine Aufnahmeprüfung. Ich mußte ein paar Töne raten, die jemand auf dem Klavier anschlug, dann spielte ich ein paar Eigenkompositionen, darunter auch »Take Five«. Die Prüfer, vor allen Dingen die Pianistin, bei der ich Unterricht bekommen sollte, waren begeistert. Damit begann für mich der offizielle Teil meiner Musikerlaufbahn, ich studierte. Ich hatte die Möglichkeit, Konzertpianist zu werden, für den Beruf des Musik- oder Klavierlehrers fehlte mir der Schulabschluß. Meine erste Klavierstunde. Ich muß ganz gerade vor dem Instrument sitzen, meine Arme genau rechtwinkelig austangieren, mit den Zeigefingern einen weichen Bogen erst nach oben, dann runter auf die Taste, dabei eine Brücke bilden mit dem Handrücken, nicht durchdrücken den Finger, locker den Ton anspielen, dabei feste mit der Fingerkuppe auf der Taste wiegen, schnell Luft lassen, den ganzen Unterarm schweben lassen, nur das Handgelenk bewegen, hoch, die Finger malen einen Strauß Blumen, jetzt der nächste Finger. Und so weiter. Wenn was schiefgeht, haut sie mir voll mit einem Lineal von der Seite in die Ellenbogen. Sie erinnert mich verdammt an meine Tante Erna. Die hatte mir ja auch immer, wenn ich als kleiner Junge beim Essen saß und die Arme auf dem Tisch aufstützte, den Ellenbogen hochgehoben und ihn mir mit Leibeskräften auf die Tischplatte gehauen.

Ich singe auch im Chor mit. Baß natürlich. Neben mir steht ein achtzigjähriger Opa, er hat noch mal angefangen zu studieren, er will Dirigent werden. Auch ein Barmusiker ist dabei, er will sich weiterbilden. Nebenbei besuche ich einen

Lehrgang zum Erreichen der Mittleren Reife. Als nach einem Jahr die Prüfung ist und ich bestehe, kommt hinterher raus, daß ich ja gar keinen Hauptschulabschluß habe! Man kann daher den jetzt gemachten Abschluß nicht anerkennen. Ich habe keine Lust mehr. Das geht über meinen Verstand. Auch geht mir das klassische Klavierspiel total auf den Sack, ich soll täglich mindestens sechs Stunden üben. Ich übe aber höchstens zehn Minuten. Deshalb will Tante Erna auch, daß ich nebenbei wieder arbeiten gehe. Ich gehe nicht mehr hin. Das Notenlesen ist auch gar nicht meine Sache, ich will davon ab jetzt nichts mehr wissen. Ich bin Jazzmusiker, die brauchen keine Noten. Die paar Stunden bei der Alten haben mir allerdings, wie ich später feststelle, viel genützt. Und wenn es auch nur darum geht, mit dem Handrücken eine Brücke zu schlagen.

Mittlerweile hatte ich auch eine richtige Freundin. Wir poppten viel. Allerdings trug ich einen Gedanken immer mit mir rum dabei: Was ist, wenn jemand anderes mit meiner Freundin poppt?

Und noch etwas quälte mich: eine vorher nicht gekannte Existenzangst. Wovon sollte ich meinen Lebensunterhalt bestreiten? Ich finde doch Arbeiten scheiße, und fürs Musikmachen kann man doch kein Geld nehmen! Ich war fest davon überzeugt, für etwas, was Spaß macht, kein Geld nehmen zu dürfen, eigentlich sehr tugendhaft. So begann ich, Gelegenheitsarbeiten zu machen. Ich war zu Hause ausgezogen, mit siebzehn Jahren hatte ich meinen Umzug nur mit dem Fahrrad gemacht. Zweimal hin und her. Ich bewohnte ein klitzekleines Zimmer in einer Kommune. Unter dem Dach hatte ich zwei Matratzen in die Ecke gelegt, davor hing ein Lappen. Wenn man zur Tür reinkam, war links und rechts noch eine Tür. Links ging's zum Breitenstein rein, rechts zum Wäscheaufhängen. Der Trockenraum gehörte zum Nachbarhaus. Ein Kommen und Gehen war an der Tagesordnung. Mein Contrabaß stand auch da. Ein Klavier hatte ich jetzt nicht mehr. Nächtelang wurde bei meinem Nachbarn gepokert. Und tagsüber auch. In einem anderen, etwas größeren Zimmer in der Etage wohnte ein Typ, der sich ausschließlich von Vogelfutter ernährte. Er saß immer auf dem Fußboden, und Räucherkerzchen sorgten für die geeignete Stimmung, um sich Bilder von Poona anzusehen oder »Ooooooooooooooom« zu sagen. Er hatte ein Mantra bekommen von dem einzigen Meditationslehrer der Stadt, meinem ehemaligen Kumpel mit den noch längeren Haaren, der mir das Tonband abgerollt hatte. Anstatt Teppich hatte er dicke Wackersteine verteilt, flächendeckend. Als Bett diente ein fünfzig Zentimeter breites und fast zwei Meter langes Stück bunter Seide. Er sprach sehr vorsichtig und leise. Morgens rotzte er stundenlang mit wachsender Begeisterung über dem alten Spülstein hängend seine ganze schlechte Seele aus. Alles vergebens, einer von uns sah ihn mal in einer Pommesbude Curryfrikadelle essen.

In der Kommune leben war nicht so einfach. Wenn einer mal mehr Geld hatte wie die anderen, hatte er ein schlechtes Gewissen. Ich brauchte es nie zu haben. Ich lebte von einhundert Mark im Monat, fünfzig Mark für Miete, den Rest gab ich fast ganz für Kartoffeln aus, mein Hauptgericht. Monatelang nur Kartoffeln, manchmal mit Ei, Zwiebeln waren auch gern gesehen. Nachdem ich mich mit einem angelegt hatte, er ging mit einem langen Messer auf mich los, weil ich eine Schnitte von seinem Brot abgesäbelt hatte, lebe ich autark. Meine Lage verschärft sich, als ich einen kleinen Hund in meinen Haushalt aufnehme. Ein Mädchen, Emma. Ich bringe dem Hund treppensteigen bei, pinkeln, bellen, ich rede mit dem Tier, wir sind unzertrennlich. Ohne Leine läuft er mir nach. Wenn ich mal weggehe, weint er. Meine derzeitige Freundin hat ein gutes Herz und beschwert sich nicht. Ich habe ja nur den Hund im Kopf. Manchmal wollen wir bumsen, und der Hund will mitmachen. Er kann gar nicht verstehen, daß das nicht geht.

Ich male wieder mehr. Im Zimmer habe ich eine Staffelei aufgebaut. Und ich habe Kontakt bekommen zur Kunstszene. Da sind ein paar dufte Typen bei. Wir planen einen Wanderurlaub in Österreich. Vier Leute, alles Männer, und mein Hund. Einer von uns sieht wie Jesus aus. Deshalb sind die Leute in Bayern und Österreich auch sehr zuvorkommend zu uns. In Wirtshäusern, wo wir einkehren nach stundenlanger

Wanderschaft, sind wir Gesprächsstoff Nummer eins. Tolle Luft im Gebirge! Aber die Leute sind komisch. Viele tragen Naziorden an ihren grünen Loden. Werner, unser Ältester, er ist so um die Fünfundfünfzig, bleibt immer zurück, er sam-

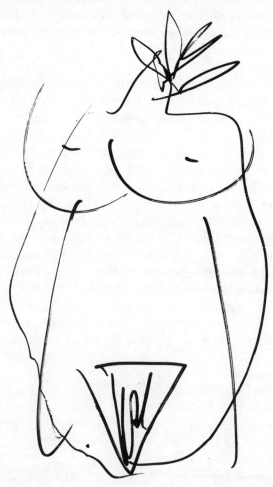

Erotische Zeichnung (1988)

melt Eislöffelchen. Er trägt mit nackten Füßen Gummisandalen und hat nach dem ersten Tag total kaputte Füße. Erik hat Papierunterhosen an, nach einer Woche hängen ihm die Dinger in nassen Fetzen von der Hüfte. Er ißt auch nur Schokolade und kein Obst oder Gemüse, deshalb kann er nicht kacken. In Kufstein müssen wir aufgeben, Erik ist total aufgedunsen, Werner kriecht über den Asphalt, und Klaus hat Zahnschmerzen.

Nachdem ich eine Zeitlang in einer Gabelstaplerfirma am Fließband gearbeitet habe, dort durfte ich mich bei der Arbeit nicht setzen, obwohl hinter mir ein Stuhl steht, ich verpacke kleine Schräubchen in noch kleinere Kartönchen, bekomme ich eine Anstellung bei der Stadtverwaltung. Amt für Statistik. Ich mache Viehzählungen, mit noch einem anderen Hippie bin ich bevollmächtigt, sogenannte Erhebungen in landwirtschaftlichen Betrieben durchzuführen. Zwei stinkende Kerle mit Afghanenmänteln, total durchnäßt vom Nieselregen, Tabak rauchend mit entzündeten Augen und langen, zerzausten Haaren, total gelben Fingerkuppen, schellen an deiner Haustür und fuchteln dir mit einem amtlichen Ausweis vor der Nase, man dürfe sich nicht gegen diese Erhebung wehren. Dann fragen sie dich, wie viele Haustiere du hast, wie alt du bist, wieviel dabei rumkommt mit den Tieren, wie viele Personen noch im Haushalt wohnen und ob die arbeiten gehen. Eigentlich sind wir überall rausgeschmissen worden. Dann mache ich noch eine Woche als Wahlhelfer mit, ich soll Briefwählern die erforderlichen Papiere aushändigen und mir vorher die Personalien zeigen lassen, damit sie aus der dicken Wahlliste gestrichen werden. Ein Mann will seinen Ausweis nicht zeigen und hustet total in den kleinen Raum hinein, wo ich sitze: »Na warten Sie ab, ich habe Tuberkulose! Das werden Sie schon noch merken!« Im Amt arbeitet auch ein sehr alter Rentner, er hilft im Keller aus, wo alte Akten verwahrt werden. Da hält er sich den ganzen Tag auf und macht eigentlich gar nichts, außer nackte Frauen, er malt nackte Frauen auf die Aktenkartons, ganz schlecht gezeichnet. Er wollte vor dem Krieg Gynäkologe werden, doch daraus war nichts geworden. Nach einer langen Pause, wo ich keine Arbeit habe, gehe ich noch mal zur Stadtverwaltung, diesmal haben sie eine Arbeit als Straßenreiniger für mich. Das ist mein Traumjob. Besser noch als Förster, ich wollte früher immer Förster werden, wegen dem Wald und den Rehen. Ich arbeite mit in einer Kolonne. Alles liebe Jungs, keiner kann richtig geradeaus gucken. Merkwürdig, allein drei von ihnen schielen, einer davon so gewaltig, daß er sich beim Fegen verläuft und in Oberhausen aufgegriffen wird! Morgens sind die Jungs schon eine Stunde vor Arbeitsbeginn auf dem Hof. Dann wird erst mal ausgiebig geduscht. Ich komme immer auf den letzten Drükker. Nicht ganz zufrieden bin ich mit meinem Outfit. Man muß ständig seine Warnweste anhaben und die Schirmmütze mit Warnbesatz. Diese Farbe, ein grelles Orange, steht mir überhaupt nicht. Dann wird es sehr kalt, und man muß um vier Uhr morgens dasein, weil Salz gestreut wird. Ich komme kaum noch zum Schlafen, vor allen Dingen wegen der Pokerpartien meines Zimmernachbarn. Dann muß man erst ein paar Stunden streuen, um dann den restlichen Tag damit zu verbringen, unter allen Umständen dann noch irgendwo zu fegen. Auf jeder Straßenseite gehen jeweils zwei vor, einer geht außer mit dem ein Meter breiten Akkordbesen mit einer genauso breiten Schüppe versehen hinterher. Das bin ich. Zu guter Letzt fahren wir mit dem Wagen zur kilometerweit entfernt gelegenen Müllkippe, um das Zeug zu entsorgen. Dann ist vier Uhr nachmittags. Erschöpft fahre ich mit dem Rad nach Hause. An einem vereisten Morgen nehme ich mir fest vor zu kündigen. Ich nehme Schwung und bringe mein Rad in der Einfahrt des Betriebshofes zum Schleudern, so, daß ich lang hinschlage. Humpelnd schleppe ich mich zum Bürogebäude. Drinnen schlage ich vor, daß man mich entläßt, wegen dem kaputten Knie, das ich jetzt habe. Und ob jemand meinen Sturz gesehen hätte. Der Chef meint, ich könne ja mittags zur Truppe vorstoßen, ich will aber nicht, ich kündige.

к l a g e !

Ich,Helge Schneider,erhebe Klage gegen den Bescheid
des Prüfungsausschusses für Kriegsdienstverweigerer
beim Kreiswehrersatzamt Duisburg vom 28.10.75 (in
meiner eigenen Sache),aus dem hervorgeht,daß ich,
entgegen meiner eigenen Auffassung,nämlich Waffen=
gebrauch und Uebungen,mit Waffen zu töten oder zu
verletzen,zu verabscheuen,nach Meinung des Prüfungs=
ausschusses,der mich im übrigen erst einige Minuten
vor Beschluß der Verhanlung das erste Mal gesehen
hatte,doch dazu fähig wäre,den Wehrdienst für die
Bundesrepublic Deutschland ohne jegliche Gewissens=
bisse,Depressionen und sonstige seelische und körper=
liche Gefahr auf meine ureigene Persöhnlichkeit abzu=
leisten!

Dem setze ich entgegen,daß ich mich ja wohl besser
kenne,als mich die Dame und die drei Herren des Prü=
fungsauschusses zu kennen glauben!

Ich lasse meine Persöhnlichkeit und mein Gewissen
nicht so einfach falsch analysieren , ich bin ein
freier Mensch und habe mirselbst gegenüber die Pflicht,
meine Persönlichkeit zu verteidigen und erhebe deshalb
Klage gegen die Bundesrepublic Deutschland--vertreten
durch den Bundesverteidigungsminister in Bonn-- dieser
vertreten durch die Wehrbereichsverwaltung III in
Düsseldorf,Wilhelm-Raabe-straße 46!

ausgefertigt: Unterschrift:

Mülheim 13.12.75

Der eigentliche Kündigungsgrund ist aber der, daß ich an diesem Wochenende in die Fußgängerzone gemußt hätte, ganz alleine mit einer orangenen Schubkarre.

Die Band »Wolkenbruch« brauchte einen Pianisten. Mit Elektroklavier. Da ich noch kein Auto hatte, fuhr ich mit meinem Freund Zwiebel da hin. Er hatte einen Siebentonner mit Plane. Wir spielten in Düsseldorf. Klaus, der Saxophonist, den ich kannte, hatte mir schon von Charly, dem Schlagzeuger, erzählt. Als ich das E-Piano durch das Fenster reichte, sah ich ihn zum ersten Mal. Er sah aus wie einer von den drei Musketieren, nur blasser. Noch im Fenster begann er, von seinen alten Zeiten in Berlin zu erzählen. Als ich selbst durchs Fenster kletterte, wußte ich bereits, daß er vor zwanzig Jahren schon mal verheiratet war und seine Frau sich scheiden ließ, weil er tagsüber auf dem Bau arbeitete und nachher direkt in den Jazzclub ging, wo er ein festes Engagement hatte, um da bis spätnachts Schlagzeug zu spielen, und dann mit seinen Kumpels noch geübt und gefeiert hat. So bekam sie ihn nie zu Gesicht. »War nicht dat Richtije für mich, hat mich irgendwie nich verstanden, weeßte.« Das Problem kenn ich. Auch ich bin mit meinen Instrumenten verheiratet. Charly ist eine Granate! Schon beim ersten Takt bin ich fasziniert. Mit unglaublicher Intensität entfaltet er vor mir seine Genialität. Dabei riecht er förmlich, was ich spielen will. Ich hatte noch nie mit so einem musikalischen Menschen gespielt. Charly und ich sind auf Anhieb Freunde. Zusammen mit ihm fasse ich den Entschluß, eine Hammondorgel zu kaufen. So können wir zu zweit einen riesigen Sound machen. Amerikanische Orgeln sind ziemlich teuer, ich finde in der Zeitung eine und leihe mir von einem Typen, der gerade geerbt hat, siebentausend Mark. In Anbetracht dessen, daß ich kaum Geld verdiene, nämlich gar nichts, außer gelegentlich mit Musik, das sind immer höchstens hundert Mark pro Auftritt, eine Stange Geld. Ich hole die Orgel aus Hannover ab. Einen VW-Bus habe ich auch gekauft, für 500 Mark. Doch einen Führerschein habe ich noch nicht. Also fährt Kordas mit. Übrigens, da fällt mir ein, Kordas, der hat seine eigene Geschichte, da erzähl ich später von, nicht vergessen! Die Orgel ist der Knüller! Charly ist begeistert. Wir gehen zum Fotografen und lassen ein Foto für Plakate machen und nennen uns jetzt »El Snyder & Charly Mc. White«. Mit diesen Pseudonymen und unserem Sound hoffen wir, eine Riesenkarriere zu machen. Wir spielen im Downtown in Düsseldorf, einem anerkannten Jazzclub in Deutschland. Viele große Jazzmusiker spielten da. Drei Tage dauert unser Gastspiel, eigentlich sollten wir nur einmal spielen, doch die Orgel war so schwer, daß wir sie aus eigener Kraft nicht mehr die Wendeltreppe aus dem Club rausgekriegt haben. Unser Stil ist einzigartig. Es ist eine Fusion aus richtigem Jazz und hartem Rock. Außerdem sind wir

Charly

ja nur zwei Mann, und dann so ein unwahrscheinlicher Krach, kaum zu glauben. Charly Weiß haut mit ungeheurer Wucht auf die Trommeln und swingt dabei, das kann nur Art Blakey. Doch irgendwie will die Sache nicht weitergehen, wo soll man spielen mit solch einer Musik, außerdem gibt es viel zu viele Leute, die Hammondorgel mit Wienerwald in Verbindung bringen. Die Zeit ist nicht reif für uns. Der Typ, der mir Geld geliehen hat, will alles auf einen Schlag wiederhaben, er hat eine Pistole und deutet mir damit an, kein Verständnis mehr aufzubringen für meine Zahlungsmoral. Ich hatte auch in einem Jahr nur 150 Mark zurückgezahlt. Und mit Charly hatte ich mich auch verkracht, er dachte, ich würde ihn bescheißen, weil ich Plakate machen ließ und unsere Gage dafür beschlagnahmte. Kurz und gut, all unsere Hoffnungen waren zerplatzt.

Wenn ich Charly heute sehe, fällt mir nichts mehr ein! Er ist einfach unglaublich! Als er so alt war wie ich jetzt, lernten wir uns kennen. Er hatte damals zwar schon den Ansatz zum Korpulenten, doch war er eigentlich ein schlanker Typ, das beweisen auch alte Aufnahmen.

Fast jeden Tag hatte er einen anderen Bart oder gar keinen, manchmal überraschte er mich mit einer unmöglichen Frisur, Minipli zum Beispiel. Er lachte sich darüber kaputt, wie er beim Frisör rausgeht und sagt: »Oh, danke für die schöne Frisur, ich sehe jetzt aus wie meine Tante, Herr Frisör!« Er trug immer Sachen, die so aussahen, als hätte er sie seit zwanzig Jahren nicht mehr ausgezogen, und dann auf einmal hatte er nagelneue Turnschuhe, einen nagelneuen Jogginganzug und eine Baseballkappe auf. Dazu trug er eine verspiegelte Sonnenbrille. Diese Klamotten trug er dann wieder jahrelang, bis man gar nicht mehr erkennen konnte, was er nun denn eigentlich da anhat. Charly hat keinen Führerschein, er fährt immer Fahrrad. Einmal hatte er einen Unfall, ein BMW-Fahrer schnitt ihn, und er kam in die Straßenbahnschienen. Er brach sich den rechten Oberarm. Die Auftritte nach diesem Unfall waren höchst sonderbar, Charly spielte nur mit links, der rechte Arm hing in einem Kopftuch. Trotzdem hat es keiner gemerkt. Die Leute haben sowieso nie hingeguckt, die haben immer laut rumgequatscht, für Jazz interessieren sich ja nur ein paar sonderbare Typen.

Charly ist in den letzten Jahren unwahrscheinlich nach links und rechts gewachsen, und nach vorne und hinten. Wenn er Schlagzeug spielt, bewegt er lediglich die Fingerchen, aber auch nur ganz wenig.

Charly kann gut Witze erzählen, oft macht er sie selbst, sie haben gar keine Pointe und sind sehr, sehr lang.

Zum Beispiel: »Fragt die Oma in Berlin den Opa: Wo hast du denn den Buckel her? Sagt der Opa: vom 'ne, erst fragt der Opa die Oma: Sagt die Oma: Vom Kohlen Holen. Und du, Opa? Vom Fernsehgucken.« Das aber unheimlich ausgeschmückt, kann ich hier gar nicht wiedergeben. Da wird erzählt, wie die Oma aussieht und was heut mittag auf dem Tisch stand, wie der Opa hustet und so weiter. Anschließend lacht Charly sich total kaputt. Ich habe mal mit ihm telefoniert und ihm einen Witz erzählt, den ich von ihm selbst kannte, da hat er eine ganze Stunde so gelacht, daß er fast gestorben ist. Auch ich mußte natürlich lachen, es geht da gar nicht um den Witz, der war total scheiße, die ganze Situation ist bescheuert, daß man über so einen Witz lacht, ist total lustig. Eine Philosophie, die nur wenige Menschen verstehen. Doch es werden immer mehr. Ich merke das an meinen Fans. Die lachen über was, was überhaupt nicht lustig ist. Komische Leute. Ich lach auch mit. Ich glaube, man hat heute viel zu lachen. Ich weiß gar nicht, warum. Vielleicht weil es so komische Leute gibt? Guck dich doch mal auf der Straße um, da hat doch fast jeder und jede einen Hau weg. Oder man selbst, wie fährt man Auto, da müßte man sich selber sehen, ich jedenfalls benehme mich genauso wie die, über die ich mich unglaublich aufrege. Zurück zu Charly Weiß. Mit ihm lernte ich einen echten Jazz-Musiker kennen, und zwar persönlich. Jahrelang hatte ich Miles Davis, Roland Kirk, Archie Shepp, Thelonious Monk und wie sie alle heißen gehört, nun begegnete mir einer, der diesen Leuten nicht nachstand. Alles, was Charly macht, ist Jazz. Seine Einzimmerwohnung ist Jazz. Im Laufe der Jahre hat sich unheimlich viel angesammelt in dem zehn Quadratmeter großen Zimmer. Tausende leerer Zigarettenschachteln übereinandergestapelt, daneben Unmengen von Feuerzeugen, Papierschnipsel mit unzähligen Adressen und Bierdeckel, auch mit Adressen und Telefon-

Charly hat mal Kunst studiert – ein schönes Bild von ihm

nummern, die Bierdeckel türmen sich zu einem langen, schiefen Turm, der fast bis an die vier Meter hohe Decke reicht. Jede Menge anderes undefinierbares Zeugs fliegt noch auf diesem Tischchen rum, unter anderem stehen da ein paar Schnittblumen aus dem Jahre 1970. Eine dicke Staubschicht zieht sich darüber, nicht nur da, sondern über fast alles in der Bude. Hinter dem Tischchen steht eine Art Couch, wo aber keiner drauf sitzen kann, weil gar kein Platz ist für Beine, darauf sitzen Charlys Stofftiere, ein Bär und eine Giraffe. Ein Nagel wackelt in der Wand, ungefähr in Schulterhöhe, daran

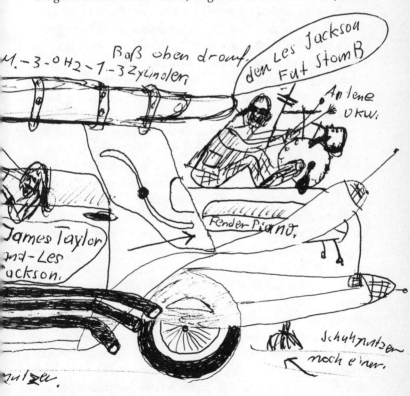

hängen an Kleiderbügeln mindestens 50 Kilo Klamotten, also vielleicht zwanzig Anzüge, Pullover, Hosen, Winterjacken und so weiter. Teilweise nagelneu und noch verpackt. Rechts daneben ist der Spülstein, der an der Fensterwand aneckt. Da fließt seit Jahren kein Wasser mehr, weil jetzt ein anderer Spülstein nebenan ist, wo der Vermieter aus einem Stück Hausflur ein kleines Bad gemacht hat. Bei der Modernisierung vor ungefähr zehn Jahren sind die Arbeiter gar nicht in Charlys Wohnung gegangen, die Bude hat Denkmalschutz, lediglich Zentralheizung wurde reingelegt. Zwei lange Kupferrohre sind nun zu sehen. Sie kommen von oben an der Fensterseite runter und wirken fast utopisch. Manchmal guckt eine kleine Maus oben aus dem Loch und kommt sogar ins Zimmer. Neulich hat eine einem von Charlys uralten Schokoladennikoläusen den Hintern abgefressen, Charly kam gerade ins Zimmer. Er hat sich dann in einem Werkzeugladen beraten lassen und sich eine Mausefalle gekauft, damit feiert er große Erfolge, schon sechs von den armen Tierchen sind auf diese Art und Weise zur Strecke gebracht worden. Ganz selten spielen Charly und ich noch zusammen, vielleicht einmal in drei Jahren. Er besitzt ein uraltes Sonor-Schlagzeug aus den fünfziger Jahren, hat er selbst abgebeizt damals, um mit der Mode zu gehen, er spielte seinerzeit bei Kraftwerk, einer talentierten Band aus Düsseldorf, sie holten Charly aus Berlin weg, er war wohl der Drummer, den sie sich so vorgestellt hatten für ihre innovative Musik. Als ihre erste Platte rauskam, war er bald nicht mehr dabei. Live brauchten sie ihn aber vorher, ich sah die Band übrigens schon 1971/72 in Essen auf einem Festival, da war Charly dabei, ich wollte damals mitspielen, ich spielte überall, wo ich hinkam und wo es ein Klavier gab, einfach so rum. Ich saß also auf der Bühne in einem Riesenwirrwarr von Anlagen und dudelte auf dem Flügel vor mich hin, es war ja Pause, da traten Kraftwerk auf, erst einem fachkundigen Publikum bekannt, Charly kam zuerst und fing sofort ohne Umschweife an, Schlagzeug zu spielen, er machte keine Anstalten, überhaupt einen Anfang oder so zu machen, auch störte ich ihn anscheinend nicht, die andern kamen dann auch, und dann sagte einer zu mir, daß sie jetzt anfangen, und ich könne leider nicht mitspielen, sie waren sehr höflich und bestimmt stoned. Einer packte eine Querflöte aus, der andere hatte ein kompliziertes Instrument zu bedienen, ich glaube, ein Melotron. Während des Auftritts versuchte ich mich über dieses Instrument zu informieren, ich fragte, wie teuer das ist. Dann mußte ich aber gehen.

Charlys Schlagzeug steht immer zu Hause als hoher Turm neben den sechs alten Matratzen, die übereinandergestapelt ein Bett sind. Als Schutz hat er alte Stoffbezüge um die Trommeln, die immer mehr zerfallen. Reißverschlüsse gibt es seit Jahrzehnten nicht mehr, er hat Löcher durch den Stoff gebohrt mit einer Schere und zieht immer Kordeln durch diese Löcher, um den Stoff dann irgendwie zu verknoten. Das macht er ausschließlich selbst, Parallelen zu unserem heutigen Schlagzeuger Peter Thoms sind da, auch er rastet total aus, wenn jemand anders sein Schlagzeug anfaßt. Beide Schlagzeuger haben die Phobie, daß jemand, der ihre Schlagzeuge auch nur berührt, ihnen bewußt eine Schlechtigkeit antun will, bei Thoms ist es aber wesentlich schlimmer, er ist auf der Stelle außer sich vor Wut und Entsetzen, bekommt keine Luft mehr, fuchtelt mit den Armen und schreitet im Stechschritt den Ort des Geschehens ab, um Beweise für diese Untat zu erbringen. Meines Erachtens ist dieser Mann ein Fall für stationäre Behandlung.

Früher, als ich mit Charly die kleine Band hatte, bin ich mal krank gewesen, ich hatte Grippe. Mein Freund Charly saß sage und schreibe drei Tage neben der Couch, auf der ich aufgebahrt war, und erzählte fast die ganze Zeit ganz alleine. Er schlief überhaupt nicht. Meine Freundin machte uns ab und zu was zu essen. Er aß alles auf. Ich bekam nichts ab. Ich hörte mir immer wieder dieselben Geschichten an, wie jemand in seine Wohnungstür, als er noch in Berlin wohnte, mit der Axt eingedrungen ist, wie er mit noch ein paar Musikern immer unterwegs war und in einer Pizzeria Nudeln an die Decke geworfen hat, wie er angefangen hat, mit einer Band, the Hot Shots, 1957. Dazwischen Witze über Witze. Charly hätte mein Vater sein können, er ist siebenundzwanzig Jahre älter wie ich. Aber das sieht man ihm nicht an, wie er meint, er schätzt sich selbst so auf dreißig, fünfunddreißig. Er ist wirklich schwer einzuordnen, ich glaub, er ist gar kein Mensch, er ist ein Dickhäuter, Elefant oder Nashorn. Als Mensch verkleidet. Er ist eben ein richtiger Schlagzeugspieler. Es gibt nur wenige, die so sind. Peter Thoms ist auch so einer. Ein richtiger Schlagzeuger. Ohne Trommeln keine Existenz.

Alles dreht sich irgendwie ums Trommeln, das heißt nicht, daß Charly da immer drüber redet oder so, nein, im Gegenteil. Aber Eingeweihte spüren es sofort. Der Rhythmus ist das Wichtigste. Auch der Tagesrhythmus. Charly geht morgens um sechs ins Bett und steht nachmittags um drei, vier Uhr auf. Er frühstückt um vier. Das ist sein Leben, überliefert aus seiner Zeit als Hausmusiker in Berlin.

Charlys Snare, also die Haupttrommel von seinem Schlagzeug, steht mitten im Zimmer, darauf ein Handtuch gelegt. Oft sitzt er davor und übt Paradiddle. Eine alte Ludwig-Snare, rostig, jedoch mit Silberpapier beklebt, damit man den Rost nicht sieht.

Er ist der letzte lebende Drummer, der mit einem Bindfaden sein Schlagzeug an sich selbst anbindet, damit die einzelnen Teile nicht abhauen.

*

Jahrelang hatte ich Angst vor dem Briefträger. Ich konnte ja täglich zur Bundeswehr eingezogen werden. Nicht auszudenken, wenn ich dahin gemußt hätte. Ich sollte ja schon bei denen in der Kapelle mitspielen, so hatte man auf jeden Fall versucht, mich bei der ersten Verhandlung zu ködern, aber ich bin nicht darauf reingefallen. Ich glaube, acht Jahre hatte ich mit diesem Problem zu tun. Dann bekam ich tatsächlich die Einberufung, ich sollte nach Braunschweig oder Hannover, zu den Fliegern, Bodenpersonal. Keine Ahnung, was das für ein Beruf ist. Die Zugfahrkarte war dabei. Ich hatte alle Verhandlungen verloren gegen den Staat. Jetzt sollte ich noch schnell dahin, bevor ich zu alt würde. Ich ging zur Drogenberatungsstelle, und die nette Frau, die ich seit Jahren kannte, sorgte dafür, daß ich sehr unnütz für die Bundeswehr sein würde. Ich war jahrelang drogensüchtig gewesen und hätte immer noch Flashbacks, aber intensive Einzelgespräche führten zum Erfolg. Auch die Tatsache, daß ich endlich eine Freundin hätte, würde mir guttun, und der Dienst bei der Bundeswehr würde für mich, schwächlich und friedliebend, das Ende bedeuten, ich würde dann wohl nicht mehr zu retten sein. Nach diesem Brief, der von offizieller Stelle beglaubigt war, brauchte ich erst gar nicht zu einer nochmaligen Musterung, ich wurde in Abwesenheit untauglich für immer geschrieben. Mann, war ich froh. Jetzt war da nur noch meine Angst, nie Geld zu verdienen, um meinen Lebensunterhalt zu bezahlen. Ich hatte zwar mehrere Berufe angefangen, aber nichts zu Ende gemacht. Die Gärtnerlehre hatte ich auch nach einem Jahr aufgegeben, ich zog es vor, mit meinem Motorrad, ich hatte ein altes Motorrad mit Seitenwagen gekauft, rumzusausen. Das machte Spaß. Und man war wer. Alle drehten sich nach mir um, wenn ich souverän an ihnen vorbeidonnerte. Dabei bevorzugte ich die Rechtskurve, bei der ich mich mit links am Lenker festhielt und ganz in den Beiwagen sprang, damit die Fliehkraft mich nicht aus der Kurve drücken konnte. Am tollsten war es, zu dritt auf dem Ding zu fahren, mit Heide, meiner Freundin, und Breitenstein, dem Typ, der vorher immer im Zimmer nebenan nächtelang pokerte, bin ich mal nach Spanien gefahren. Wir brauchten zehn Tage bis Barcelona. Es war ein Rausch, fahren, bis man nicht mehr kann, und dann weiterfahren. Ich habe den Wandertrieb, ich muß immer unterwegs sein, nie komme ich an. Und wenn, dann schnell wieder weg. Früher zu Fuß, dann Motorrad, jetzt Auto. Zum Glück habe ich nur noch einen LKW, der höchstens 90 fährt, ich fahre immer Vollgas. Mit meinem letzten Auto bin ich in zwei Stunden von Hamburg nach dem Ruhrgebiet gefahren. Das sind fast vierhundert Kilometer. Was hätte da alles passieren können. Der Wagen, der schon 15 Jahre alt war, hätte auseinanderbrechen können.

Vier Jahre lang war ich ein Motorrad, kaum Zeit mehr für Musik, immer auf dem Ding gesessen, und wenn ich nicht damit fuhr, stand ich daneben und guckte es mir genau an. Es war wunderschön. Man brauchte noch keinen Helm zu tragen, lang wehten meine Haare im Wind. An einem eisigen Wintertag hatte ich die Haare gewaschen und fuhr mit dem Motorrad in die Stadt zu Eduscho, wo ich immer hinging. Als ich den Laden betrat, staunten die andern nicht schlecht: Mir wuchs ein Riesenapparat von Haaren steif nach hinten weg. Ich merkte es nicht. Jemand machte mich drauf aufmerksam, ich erschrak, als ich in die Scheibe guckte. Die Haare waren zu Eis gefroren, und ich hatte Angst, sie würden abbrechen. Mein größtes Gut auf dieser Erde!

*

Seitdem ich denken kann, befaßte ich mich mit meinen Haaren. Als kleiner Junge zähmte ich meine Wirbel mit Klammern, dann, in der Schulzeit, bekam ich Schwierigkeiten mit Schuppenbildung, weil ich, anstatt die Haare zu waschen, Trockenshampoo benutzte, dann verschüttete ich literweise Birkenwasser auf den Kopf, ja ich wusch mir den Kopf mit Haarwasser. Naß lagen die Haare so, wie ich es haben wollte am Kopf, ein exakter Scheitel zog sich längs seitlich von vorne nach hinten. Genau wie bei meinem Vater. Dann, in der Pubertät, ließ ich die Haare wachsen, lange hatte ich darauf gewartet. Ab dem Zeitpunkt änderte sich mein gesamtes Leben. Das Allerschlimmste, was mir nun passieren konnte, war: Haare ab! Nie mehr bin ich seitdem zu einem Friseur gegangen. Von mir aus braucht es diesen Beruf nicht zu geben. Nicht mehr, meine ich, denn ich erinnere mich, daß es früher richtige Friseure gab, wo man auch hingehen konnte. Sie schnitten einen schon richtig zurecht. Und zwar alle gleich. Auf jeden Fall beim Herrenfriseur. Und beim Damenfriseur gingen viele Omas hin, mit Termin, und stinkend kamen sie wieder raus. Mit einem durchsichtigen Häubchen standen sie vor dem Laden, dann kam der Mann und hat sie mit dem Auto abgeholt. Das war alle zwei, drei Wochen. Männer gingen jede Woche. Ich auch. Ein langer, schmaler Raum mit Spiegeln, Stühle zum Hochpumpen und Rasierer, die von der Decke baumeln. Eine lange Reihe Stühle zum Warten. Schnell kam man dran, es dauerte drei Minuten. Dann war einem am Kopf kalt, und man roch durchdringend nach Fit. Und hat nur drei, vier Mark gekostet. Also, ich lasse niemanden mehr an meinen Kopf. Alles selbst machen kann auch mal schiefgehen, wie 1982, als ich immer mehr abschnitt und auf einmal Glatze hatte. Trug dann Hut und klebte mir einen Rest Haare hinten von innen an den Hutrand. Sah gut aus. Zu der Zeit bin ich Vater geworden. Meine kleine Tochter dachte von Anfang an, ich wäre ihr Opa. Übrigens, Glatze war eigentlich die einzige Alternative zu langen Haaren.

Auf einmal war ich Vater eines Kindes geworden. Die Mutter der Kleinen hatte bereits eine Tochter, zwei Jahre alt, und ich hoffte, daß dieses Kind auf meine Tochter mit aufpassen könnte. Ich war bei der Geburt auch anwesend. Es sollte ja eigentlich ein Junge sein, Andrea hatte schon einen Namen für ihn, Oskar. Ich hatte natürlich wieder versucht, Witze zu machen im Kreißsaal, war in dem Moment nicht angebracht. Aber ganz unbeabsichtigt. Ich zog zufällig die Schlappen des obersten Chefarztes an. Man muß seine Schuhe ausziehen, wegen der Bakterien, und einen grünen Kittel anziehen. Und ein Käppchen. Sigi, die Freundin meiner Bekannten, war auch dabei. Wir waren es gewohnt, ansonsten unheimlich zu rauchen und Kaffee zu trinken, und es war ja mitten in der Nacht. Deshalb waren wir froh, als nach kurzer Zeit die Mama ihr Kind kriegte. Es guckte sofort vorwurfsvoll in die Runde. Es war aber gar kein Junge, es war ein Mädchen. Schnell zog ich sie durch eine Schüssel mit warmem Wasser. Ein Name war auch schon gefunden, Farina. Sie war ein bißchen blaß, deshalb vielleicht. Im Schwesternzimmer ließ ich mich auf eine Couch fallen, dabei ist Farina mir aus den Armen gerutscht, ist aber nichts passiert. Andrea war müde und lag im Krankenhausflur im Bett. Sie mußte mit dem Kind noch ein paar Tage dableiben. Am nächsten Morgen erzählte ich meiner Mutter, daß ich Vater geworden bin. Sie hatte gar nichts davon gewußt. Nachmittags hatte ich ein Konzert, ich war sehr gut gelaunt, und es machte viel Spaß. Abends wollte ich ganz allein in einer Kneipe einen Orangensaft trinken, zur Feier des Tages, der Wirt gab mir aber Lokalverbot. Er hatte Angst, wenn er mir was zu trinken verkauft, hätte er dann bald meine ganzen Freunde auch in seinem Lokal. Ich gucke den Typ bis heute nicht an. Ich sehe ihn manchmal.

Zwiebel. Eigentlich heißt er Bernhard Sondermann. Ich weiß nicht, wie er zu dem Spitznamen kam, vielleicht weil er so gut kochen konnte. Bei ihm war immer was los. Ich war fast immer da, mit 16 hatte ich ihn kennengelernt. Er war ein halbes Jahr Hausmeister in einer Turnhalle, die andere Jahreshälfte reiste er durch den Orient. Seine Haare standen in einem dicken, krausen Wust vom Kopf ab, dazu trug er einen Bart wie ein dickes Wollknäuel, er sah genauso aus wie der eine von den Freak-Brothers aus U-Comics. Oft haben wir stundenlang Gitarre gespielt, er konnte viele Lieder, auch er stand auf Jimi Hendrix. Wir hatten mal einen Auftritt auf einem Schulfest, ich hatte eine große Band zusammengestellt aus verschiedenen Leuten, darunter auch Nichtmusiker. Und ein klassischer Gitarrespieler. Ich war damals schon regional als Jazzpianist bekannt, deshalb hatten wir die Möglichkeit, da zu spielen. Ich fand besonders klasse, mit Fausthandschuhen am Klavier zu sitzen und Zeitung zu lesen, dabei ging ich manchmal mit dem Hintern hoch und haute damit auf die Tasten. Der klassische Gitarrist saß ganz vorne und wollte gerne richtig spielen, drehte sich immer verärgert um. Zwiebel zersägt während des Auftritts einen Stuhl, der in der Schulaula rumgestanden hatte. Nach zehn Minuten stellte man uns den Strom ab.

Auf Arbeitssuche mit Zwiebel, das hieß, man braucht eigentlich gar nicht erst loszugehen, man bekommt auf gar keinen Fall eine Stelle. Schon als wir zu Hause weggingen, dachten wir im Leben nicht daran, einen Finger krumm zu machen für andere Leute. Wir stellten uns bei Mannesmann vor, dem großen Stahlröhrenverein hier im Ruhrgebiet. Dort gab es die

sogenannte Conti-Straße, eine gesonderte Halle für dünne
Röhren, wo es unheimlich laut zugeht, das Knallen von Metall auf Metall ist bisweilen unerträglich. Ohrenschützer sind
nicht wegzudenken, trotzdem ist es da so laut, daß man, wie
wir gehört hatten, mehr Geld verdient. Da wollten wir hin.
Dazu mußten wir aber etliche ärztliche Untersuchungen über
uns ergehen lassen. Die Prozedur dauerte den ganzen Tag, am
nächsten Tag sollten wir dann kommen zwecks Einteilung in
eine Abteilung, zu der wir geeignet waren. Den Fragebogen,
ob man in Säure arbeiten will, habe ich mit lauter Neins aus-
gefüllt. Zwiebel auch.
Als wir uns dann auf der Conti-Straße dem Chef vorstellten,
fragte der uns, ob wir wirklich hier arbeiten wollten, da haben
wir beide auf Anhieb nein gesagt. Auch schlimm ist, wenn
man Arbeit sucht, in einer Lederfabrik ist mir das passiert,
und sie geben einem sofort Schuhe und Arbeitshosen und sagen: »Da sind die Schuhe, hier, Sie fangen sofort an.« Dann
sagt man: »Mir fällt gerade ein, ich muß meine Oma besu-
chen, und dann habe ich morgen einen Zahnarzttermin, ich
würde gerne nächste Woche anfangen!« »Dann kommen Sie
morgen direkt nach dem Zahnarzttermin.« »Ja! Das ist eine
sehr gute Idee!«, und man geht da gar nicht mehr hin.
Wir haben immer gesagt, Arbeit hat keine Balken.

✳

Ich bin jetzt seit über zwanzig Jahren Stammgast bei Eduscho oder Tschibo, in allen Städten, wo ich hinkomme, gehe ich dahin. Hier in dem Stehcafé verbrachte ich zeitweise den ganzen Tag, wohlgemerkt von morgens neun bis abends, wenn die zumachen. Nicht nur ich, da lernte ich zum Beispiel meine jetzige Lebensgefährtin kennen. Vor ein paar Jahren haben die ihr Ambiente aber so bescheuert zurechtgemacht, daß heute kaum noch einer da Kaffee trinkt, den ich kenne. Total ungemütlich. Und es gibt jetzt eine große Nichtraucherzone. Eine kleine Ecke ist für Raucher. Auch darf man seinen Kaffee nicht mehr mit rausnehmen und sich dann mit der Tasse in den Eiscafébereich auf der Fußgängerzone setzen. Das Stehcafé war lange Jahre der einzige Treffpunkt in unserer Stadt, außer dem Brunnen auf dem Berliner Platz. Auch heute gibt es nichts Besonderes für junge Leute, die nicht konsumieren wollen, nur so Popperläden, wo die Kleinen zu Yuppies herangezüchtet werden. Kein Jugendzentrum oder ein Club, wo Musik gemacht wird. Gar nichts. Es ist ungeheuer langweilig hier. Ich will immer abhauen. Wegen der Kinder bleib ich dann doch hier. Und woanders ist auch nicht mehr los im Grunde. Was meine musikalische Laufbahn angeht, ist es sogar ganz gut gewesen, daß ich in so einer langweiligen Stadt aufgewachsen bin. So hatte ich viel Zeit zum Üben. Und eben zum Kaffeetrinken, wie schon gesagt. Außer uns Intellektuellen, Schwachen (sozial), Hippies, Arabern und Schülern waren zu einer bestimmten Uhrzeit immer eine ganze Horde Rentner da, über die konnte man sich stundenlang kaputtlachen. Die Bewegungen und Stimmen, vor allen Dingen die unglaublichen Gesprächsthemen, einfach klasse. Wenn ich mir so überlege, wie ich auf die Bühne gehe, ich glaub, ich bin einer von diesen Opas. Sie hatten den größten Einfluß auf meine Arbeit. Schon als Kind wollte ich gerne Opa sein. Ich habe mal einen über achtzigjährigen Saxophonisten in der Stadthalle gesehen mit einer Dixie- und Swingband, Benny Waters, wie mußte sich der fühlen, der hatte vielleicht einen Spaß. Alte Musiker haben mich sehr beeinflußt, ich meine, ein sehr alter Musiker spielt zwar nicht so gestochen scharf und schnell wie in jungen Jahren, aber mir sagt dieses legere Lebensgefühl und die überlegene Ausdruckskraft eines Coleman Hawkins in späten Jahren sehr zu. Was nicht bedeutet, daß Coleman Hawkins als junger Typ nicht mein Fall gewesen wäre. Er ist so oder so ein Knüller gewesen. Oder Horowitz, der russische Pianist, der nach Amerika ausgewandert ist und nach über hundert Jahren in seiner Heimat ein Konzert gab, ich habe natürlich davon gehört und bin hingegangen. Toll! Er schlabberte manchmal, ein paar Tasten fehlten, doch hatte er vorher wieder sehr leckere Seezunge gegessen, das war seine Leib- und Magenspeise, er aß sie jeden Tag, Seezunge Müllerin Art. Auch ein großes Vorbild. Seine Frau stand immer drei Meter hinter ihm und hat für ihn gesprochen, er selbst war sehr lustig, er hatte viel Humor, was man aus seinem Klavierspiel heraushören konnte, seine Frau hat ihn immer gemahnt, er solle keinen solchen Spaß machen. Mann, ist die streng zu ihm. Jetzt ist er tot. Ich hab' keine Platte von ihm, ist gar nicht nötig. Auf meinem Klavier steht ein Foto von ihm.

Er war nie bei Eduscho, weil er ja in Amerika wohnte. Doch war immer einer da, der trug die ganzen Einkaufstüten alleine, damit seine Frau ihn im Eduscho abstellen konnte, damit sie noch weiter Angebote durchforschen könnte. Dieser Mann trug immer Hut. Dann kam sie auch nach und quatschte den ganzen Tag mit allen möglichen Leuten. Der Mann stand immer da mit allen Tüten. Er trank gar keinen

Kaffee. Auch keine Zigaretten oder Zigarre. Dafür rauchten ein paar andere ordentlich Zigarre. Da lernte ich Gleithmann den Löwenmenschen kennen. Auch er war bereits seit Jahren im Einsatz, so kam man irgendwie zusammen. Ich glaube, durch Mani Braun haben wir uns kennengelernt. Mani Braun spielte auch Saxophon, er war großer Sonny-Rollins-Fan. Ich bekam eine Platte von Mani Braun mit Thelonious Monk und Sonny Rollins. Mani hatte zwei Saxophone, ein billiges, auf dem er stundenlang einen langgezogenen Ton spielte, und ein original Selmer/Paris. Tenorsaxophon natürlich. Das rührte er nie an, es steckte unter einer durchsichtigen Plastikverkleidung.

Gleithmann war von oben bis unten total behaart, sein Gesicht war voll mit Haaren, umrahmt von einer langen Mähne. Seine Augen konnte man ahnen, er trug eine kleine, dunkle Brille, ein Kneifer. Mit Gleithmann tüftelte ich an einem einzigartigen Show-Konzept. Ich hatte mir vorgenommen, ab jetzt als eine Art Alleinunterhalter aufzutreten, als Musiker und Komiker, als Geschichtenerzähler und Maler. Gleithmann sollte mir helfen dabei. Er war ein besessener Filmfan und hatte einige Sachen wie Kamera, Projektor, Fotoapparate. Alles alt. So wie er. Ich wollte völlig autark sein. Selbst Licht machen, ohne Verstärker auftreten, und sogar eine eigene Bühne wollte ich mitnehmen. Allerdings hatten wir beide keinen Autoführerschein. Das war das Tolle dadran. Wir bastelten uns aus kleinen Omaeinkaufswägelchen unsere ganz persönlichen Transporter. Zu zweit schleppten wir mit: jeder einen großen Koffer, ein Tenorsaxophon, eine Trompete, zwei Stative für Lampen, ein Stativ für einen Diaprojektor, einen Diaprojektor, zwei Nitraphotlampen à 500 Watt, ein Akkordeon, ein Angelhökkerchen, ein Uher-Report-Tonbandgerät, eine Gitarre, dazu einen sieben Meter breiten und drei Meter langen schwarzen Vorhang, den meine damalige Freundin Clara, die leider mit mir Schluß gemacht hatte, in vielen Arbeitsstunden genäht hatte. Wir trugen schon unsere Bühnenanzüge und Schuhe. Dann ging es los, unser erster Auftritt! In Krefeld hatten wir ein Engagement in einem Taekwondo-Verein zum Jahresfest. Wir gingen zu Fuß zur nächsten Straßenbahnhaltestelle und warteten auf die Bahn. Dann ging es zuerst nach Duisburg. Umsteigen in den Zug nach Krefeld. In Krefeld zu Fuß

Mit Gleithmann auf der Bühne im
Downtown-Jazzclub/Düsseldorf

zu dem Club. Dafür brauchten wir zwei Stunden, mindestens. Man erwartete uns bereits. Schnell hatten wir unsere Klamotten aufgebaut. Gleithmann hockte ganz klein hinter dem Tonbandgerät, die Nitraphotlampen standen direkt vor mir im Abstand von vielleicht zwei Metern, höchstens, links der Diaprojektor, er machte ein scharfes Punktlicht für besondere Gelegenheiten, zum Beispiel wenn ich Saxophon spielte. Unser erster Auftritt bestand aus lediglich drei verschiedenen Aktionen. Das erste Lied kam vom Band, Frank Sinatra: »Laura«, eine ausdrucksvolle Ballade. Ich verkniff dazu mein Gesicht bis zum Gehtnichtmehr und bewegte den

Mund perfekt zum Playback. Dann zog ich mich schnell hinter einer Ecke unseres Vorhangs, den wir mit viel Mühe so gehängt hatten, daß die eine Seite der Bühnenhintergrund und am anderen Ende eine Art Garderobe war, um. Als Oma kam ich wieder heraus, und ich tanzte zu selbstgemachter Musik, die vom Tonband kam. Dann wieder in die Garderobe und noch mal zurück umgezogen, so wie am Anfang. Dazu muß ich sagen, daß ich auch wirklich alles, bis auf die Unterhose, gewechselt habe. Dann lief noch mal ein Lied von Sinatra, diesmal ein etwas peppigeres, »Saturday Night«, zusätzlich hatte ich noch einen Feuerwehrparka an und eine Russenkappe, im Arm eine alte Aktentasche. Wieder bewegte ich perfekt den Mund zur Musik. Diese Nummer ist dann jahrelang meine Spitzennummer gewesen. Vielleicht mache ich sie mal wieder. Dann war Schluß. Als Zugabe erhob sich Gleithmann hinter seinem kleinen Tonbandgerät, um von mir als »Gleithmann der Löwenmensch! Applaus!« angesagt zu werden. Es war ein großer Erfolg. Zwei Jahre war ich auf diese Art und Weise mit Gleithmann unterwegs, es kamen immer mehr Gags hinzu. Auch erzählte ich lange Geschichten. Dann spielte ich Klavier, und alle dachten, komisch, war doch eben noch so lustig, ist das jetzt auch lustig, das Klavierspielen? Auf jeden Fall lachten welche, worüber, weiß ich bis heute nicht. Ich mischte immer gerne ernste Musik mit totalem Schwachsinn. Dazu hatte ich den Drang, mein Publikum irgendwie zu langweilen, so entstanden Geschichten, die ich mit vielen langen Pausen so erzählte, daß auf keinen Fall eine Pointe rauskam. Das ist meine Erfindung. Mein Motto war: »Mit Scheiße Geld verdienen!« So wie dieses Buch hier.
Die Nitraphotlampen waren dermaßen hell, daß man, wenn man in den ersten Reihen saß, total von ihnen geblendet war, und wenn man hinten saß, konnte man vorne auf der Bühne ein weißschimmriges, gleißendes Licht erkennen, in dem sich wohl jemand bewegt. Das war ich. Wenn ich singen wollte,

mußte ich mich ordentlich anstrengen, denn ich war gegen jegliche Art von Verstärker. Peter Thoms, ein Schlagzeuger, in dessen Band »Kapelle Blauball« ich oft mitspielte, hatte mich angesteckt mit seiner Devise: »Starke Musiker brauchen keine Verstärker! – Direct to Ear!« So kam es, daß man endlich dazu überging, mich als echten Künstler zu betrachten. Ich hatte auf einmal eine spezielle Auswahl von sehr individuellen Fans, und vor allen Dingen gab es jede Menge Leute, die mit meiner Kunst echt nichts anfangen konnten. Und das gefiel mir gut. Ich fühlte mich über jegliches Mittelmaß erhaben,

Als Sinatra

genauso wie jetzt. Immer für eine Überraschung zu haben, so muß es sein. Ich begann, von meiner Kunst zu leben, ich wußte, das ist mein Beruf. Außerdem hatte ich ja jetzt auch Kinder. Die wollten was essen. Ich arbeitete jetzt gezielt darauf hin, meine Kreise immer größer werden zu lassen. Ich fing an, Zeitungsartikel, Kritiken über mich selbst zu schreiben und zu veröffentlichen. Oder Plakate, ich bin, was Plakate angeht, Millionär. Immer wieder mußten aktuelle Plakate gedruckt werden, und das kostet einen Haufen Geld. Ich erfand immer neue Beinamen für mich und ließ zentnerweise Infos drucken, ohne jedoch eine einzige davon zu verschicken. Wohin soll man so einen Scheiß denn schicken? Von früheren Versuchen wußte ich, daß, wenn man zum Beispiel Musikkassetten zu einem Club schickt, wo man gerne spielen möchte, die Typen die Post erst gar nicht öffnen, geschweige denn das Band anhören. Also spielte ich hier in meiner Gegend, erst in Essen, dann Duisburg, dann jahrelang wieder in Essen und dann auch einmal in Bochum. So wurde ich langsam, aber stetig immer berühmter. Und mein Fankreis erweiterte sich von Auftritt zu Auftritt. Jetzt kam für mich ein großes Problem dazu, immer mehr Leute wollten mich einordnen, für die Zeitungsfritzen war ich »Kabarettist«. Deshalb erfand ich die Bezeichnung »die singende Herrentorte«. Wenn mich dann jemand fragt, ob ich Kabarettist bin, sage ich, nein, ich bin eine Herrentorte! Danach steht dann in der Zeitung: »...der Kabarettist Helge Schneider, der sich selbst ›singende Herrentorte‹ nennt (EIGENWERBUNG), war gut. Alle lachten...« usw. Egal, wichtiger ist sowieso das Publikum, das abends zum Auftritt kommt. Die interessiert das meistens nicht, was in der Zeitung steht. Mich auch nicht.

*

Anfang 1986 machte ich den Führerschein fürs Auto. Ich hatte das Gefühl, jetzt müsse ich mobiler werden. Das veranlaßte Sergej Gleithmann dazu zu kündigen. Er machte das nicht mehr mit, eine Fahrt mit dem Auto war für ihn uninteressant. Das lag wohl daran, daß ich im Jahr vorher eine kleine Band zusammengestellt hatte, mit der wir eine Portugaltournee machten. Das war vielleicht eine Tortur! 3000 Kilometer mit fünf Mann in einem Dieselmercedes, der sehr langsam war, und nur einer von uns hatte einen Führerschein. Ich saß die ganze Zeit auf dem Beifahrersitz und tippte Dieter alle fünf Minuten auf die Schulter, ob er denn noch fahren könne. Nach unendlichen Strapazen und ohne geschlafen zu haben kamen wir am dritten Tag in Lissabon an, da hatten wir uns verabredet mit einem Agenten. Wir hatten schon kein Geld mehr, wegen dem vielen Kraftstoff. Der Agent kam erst nach ein paar Tagen zu uns ins Hotel, ein Puff. Da hatten wir Zimmer bezogen, ich lag mit Gleithmann und Peter, dem Drummer, in einem Zimmer, die beiden andern, Dieter und Biber, der Contrabaßspieler und der Gitarrist, wohnten nebenan. Es war ein Stundenhotel, einer von uns mußte immer dableiben, weil die Leute Angst hatten, wir würden ohne Bezahlung abhauen. Der Magen hing uns unten aus der Hose raus vor Hunger. Endlich ließ sich der Manager sehen, er war eine totale Schlafmütze. Nach einigem Flehen lud er uns zum Essen ein, in der Nähe in einem kleinen Lokal, wo er die Besitzerin kannte. Er machte uns Heißhunger auf irgendeine »Platte à la Sowieso«. Da kam das Essen. Ich muß sagen, es sah ja von weitem, als es so herangetragen wurde, ganz gut aus. Als es näher kam, konnte man erkennen, was es war. Mir drehte sich der Magen, der bereits im Schuh steckte, mehrmals um. Auf einer großen Messingplatte war Reis verteilt, darauf lagen mehrere glasige Schweineschwänzchen, Ohren, Pfötchen, ein Stück Schnauze und jede Menge Glibberzeugs, so grau. Und Möhrenstücke. Egal, ich nahm ein paar Möhren und lutschte vorsichtig auf einer rum, bah! Total mit Schweinearoma angefüllt. Obwohl wir ungeheuren Hunger hatten, ließen wir alles stehen, außer Gleithmann, der Mutige, der nuckelte noch ein wenig an einem Pfötchen. Da kam schon die zweite Platte, genau dasselbe. Sie meinten es gut mit uns. Es war ein Essen, das man nicht so leicht vergißt. Zum Glück hatten wir an dem Abend einen Auftritt, so verdienten wir das erste Geld, und wir konnten danach essen. Ich hatte mir alle Lieder, die ich bis dahin gemacht hatte, auf portugiesisch übersetzen lassen und sang in ihrer Landessprache, mit einem Zettel in der Hand. Da ich überhaupt nicht wußte, was ich da singe, war die Sache sehr lustig. Wer weiß, was die Dame mir

Mit Gleithmann in Portugal

da so übersetzt hatte, es waren auf jeden Fall ziemliche Zungenbrecher, ich hatte meine Mühe mit der Aussprache, ich sprühte oft beim Singen Spucke mit. Die Leute waren begeistert, sie lachten auch, ich weiß aber nicht genau, worüber. Drei oder vier Auftritte hatten wir in Portugal, alle sehr weit auseinander. An einem Tag mußten wir 800 Kilometer fahren. Wir steckten in einer Kolonne von LKWs, die Richtung Norden unterwegs waren. Keine Möglichkeit zum Überholen, und das die ganze Strecke. Die Gegenfahrbahn war genauso voll. Tempo 50 oder 60. Unser Auftritt sollte um 9 Uhr abends sein, wir kamen sage und schreibe um 2 Uhr nachts in Porto an. Ganz cool hatten die Leute da auf uns gewartet, und keiner beschwerte sich, daß wir so spät kamen. Auch das Publikum war noch da. In zehn Minuten war alles aufgebaut, und wir konnten anfangen. War ein schöner Abend. Danach sollten wir wieder nach Lissabon und auch im Fernsehen auftreten. Wieder in der Stadt, bekamen zwei von uns eine Art Krankheit, das heißt, einer trank etwas zuviel, dem anderen wurde von einer Frau, die er kennengelernt hatte, ein LSD-Trip oder so was in die Cola geschmissen. Der Typ war echt nicht mehr zu gebrauchen. Außerdem kriegten sich die beiden dauernd in die Haare. Gleithmann telefonierte nach Hause und ließ sich Geld schicken, damit wir das Hotel bezahlen konnten und nach Hause fahren. Merkwürdig war, daß wir in fast jeder größeren Zeitung auf dem Titelblatt eine Riesengeschichte hatten. Und dann, vor dem Fernsehauftritt, hauen wir ab. Unser Agent wäre sicherlich ausgeflippt, deshalb haben wir ihm gar nichts gesagt. Seitdem war ich nie mehr so weit weg.

Den großen Experimentalfilmmeister Werner Nekes, ich weiß nicht, ob ihn jemand kennt, aber er ist weltberühmt, lernte ich auch bei Eduscho kennen. Eines Tages fragte er mich, ob ich nicht mit ihm zusammen ein Musical machen wolle, er will einen Film machen, fürs Kino. An einem Musical hatte ich zwar kein Interesse, aber Film war gut. Ich hatte noch nie vor einer Kamera gestanden. Ein Drehbuch war nicht vorhanden, ich selbst war viel zu faul, um eins zu schreiben, und Werner wußte überhaupt nicht, was man so aufnehmen soll. Er ist Karl-Valentin-Fan und dachte an eine Hommage an ihn. Ich fand Valentin zwar irre, weil er ein total pingeliger Typ war und eben unmöglich aussah, außerdem hatte er etwas Morbides, was ich gut fand. Aber ich finde es furchtbar, wenn man von solchen Leuten sogenannte Nummern nachspielt oder sich sogar so anzieht. Werner zuliebe drehte ich dann eine Persiflage auf die Lorelei von Karl Valentin, es existierte ein Foto, wo er als Lorelei verkleidet ist und auf einem Pappfelsen sitzt. Selbst wäre ich nie auf so eine Idee gekommen, aber ich wollte Werner nicht enttäuschen. Es war mir äußerst unangenehm, wie sowieso fast die gesamten Dreharbeiten. Ich hatte noch einen Freund vermittelt, der meine Mutter im Film spielen sollte. Das war der Knüller, der dicke Andreas Kunze aus Essen, ehemaliger Theaterdirektor eines kleinen Theaters, in dem ich öfter auftrat. Der Typ also in einem grünen Kleid und riesigen weißen Lederlatschen, Größe 50. Auf dem Kopf trug er eine von meinen Perücken, die, die ich immer als tanzende Oma aufgehabt hatte. Er schnitt sie links und rechts auf, sonst hätte sein Kopf nicht reingepaßt. Ich kann die Perücke heute als Tarnnetz gebrauchen, falls es mal Krieg gibt. Einen Tag bevor der Dreh anfangen sollte, trafen wir uns gemeinsam mit dem Kameramann, dessen Ankunft aus Hamburg schon im voraus als eine Art Supersensation hoch in Gesprächen gehandelt wurde. An dem Abend war ich ein bißchen krank geworden, aber nur eine leichte Erkältung, das machte unserem Filmregisseur eine ungeheure Angst. Was wäre, wenn ich nicht auftreten könnte? Er war total sauer auf mich, daß ich krank wurde. Dabei war ich gar nicht krank. Wir saßen bei einem Jugoslawen und aßen Grillteller mit Pommes. Das Gespräch, das bis in die Nacht dauerte, drehte sich fast ausschließlich darum, daß ich auf keinen Fall in einer Szene, die wir uns sowieso ja noch alle ausdenken mußten, lachte. Und man wolle auf jeden Fall eins zu eins drehen, das heißt, keine Szene dürfe wiederholt werden. Und: Ich dürfe um Himmels willen nicht lachen oder anfangen, unsicher zu werden. Und wehe, ich lache! Ich konnte die ganze Nacht nicht schlafen, ich übte die ganze Nacht, nicht zu lachen. Es war mir am nächsten Morgen fast gelungen. Dann kam der Tag. Ich fuhr mit meinem Fahrrad zum Haus von Werner Nekes, wo der Film hauptsächlich gemacht werden sollte. In dem hallenähnlichen Vorraum der Wohnung hatten wir ein Büro eines Musikagenten aufgebaut, das heißt Schreibtisch, Lampe, Stuhl, Schreibmaschine, Telexgerät oder so, die Wände waren schwarzes Moltontuch. Ich hatte ein paar Lieder extra für den Film gemacht und in einem Studio im Playbackverfahren aufgenommen. Meine ersten Lieder, wo ich vorher den Text und die Musik ausgedacht hatte. Es sollten Schlager sein, aber so kurz wie möglich. So entstanden »Texas«, »100000 Rosen« und einige andere. In verschiedenen Verkleidungen wollte ich mich bei dem Agenten immer vorstellen. Kunze mimte ihn. Als Parallel-Geschichte hatten wir vorgesehen, bei mir in meiner Bude Szenen zwischen Mutter und Sohn zu spielen. Kunze in einer Doppelrolle, ich in mindestens zehn Rollen. Die Klappe fiel zur ersten Szene. Ich sollte im Frack zur Tür reinkommen und unvermittelt singen: »Heut geh' ich ins Maxim…« von Johannes Heesters. Da Werner aber Angst hatte, Schwierigkeiten zu bekommen wegen der Rechte zu diesem Lied, wollte ich einen anderen, ähnlichen Text singen und sogar eine andere Melodie! Alles war total ernst, das kann man sich gar nicht vorstellen. Die Stimmung vor der ersten Klappe war fürchterlich.

Mit Pomade im Haar stand ich draußen auf der Straße und versuchte, das Signal zum Anfangen mitzubekommen, das man mir von innen zuruft. Draußen ist eine Hauptverkehrsstraße. Ich spitze die Ohren gewaltig. Da, wie von einem Mäuschen, höre ich ein Stimmchen, es muß wohl das Kommando sein. Leichenblaß gehe ich zur Tür hinein, bemühe mich, an der surrenden Kamera vorbeizugucken, und schmettere ein aufdringliches »Heut geh' ich in den Keller« oder so ähnlich und lach mich natürlich sofort auf der Stelle kaputt!! Ich war der einzige, der lachte. Sofort murmelte jemand: »So, jetzt können wir einpacken, das gibt nichts«… stiere Blicke, dann weggehen, sich mit etwas anderem beschäftigen. Ich steh' da und habe total versagt. Ich bezwinge mein Lachen. Nach quälenden Auseinandersetzungen geht es dann doch weiter. Der Kameramann ist extra da und überhaupt. Jetzt wird die nächste Szene gemacht, die eine war eben nichts. Auf dem Schreibtisch steht eine Flasche Whisky. Bald ist sie leer. Werner und Kunze beschuldigen sich gegenseitig, die Flasche ausgetrunken zu haben. In diesem Sinne gehen die Dreharbeiten weiter. Als ich in einer Szene Saxophon spiele, versuche ich, möglichst nicht Jazz zu spielen, weil Werner Jazz nicht so mag. Alles ist sehr verkrampft. Das kommt dem fertigen Film nachher zugute, es ist ziemlich scheiße. So scheiße, daß es wieder gut wird. Trotzdem, immer wenn ich den Film sehe, wird mir schlecht. Ich bekomme dann wieder dieses Gefühl, das ich bei den Aufnahmen hatte. Ich stand zum Beispiel ein-

mal fünf Stunden auf einem Fleck, damit der Kameramann etwas exakt berechnen konnte. Eine Szene, in der ich dreimal nebeneinander gleichzeitig zu sehen bin. Ein Chor, a capella. Und dann noch mal drei Stunden. Als der Film fertig war, sah man, daß der Kameramann sich verrechnet hatte, zwei von den dreien überlappten sich. Der Kameramann schlief nie. Er setzte sich nach der Arbeit, und wir drehten fast rund um die Uhr, noch stundenlang an den Küchentisch und las ein Buch. Morgens kamen wir dann, und da saß er immer noch. Dann gings an die Arbeit. Er war sehr blaß. Der Film ist dann ziemlich verschnitten worden, viele Sachen, die wir drehten, sind nicht zu sehen. Es sollte ein Spielfilm draus werden, deshalb wurde ein Jahr später noch ein Drehbuchautor bezahlt, damit er, um eine richtige Geschichte zu haben, noch Szenen dazuerfindet, eine Handlung formt. Jetzt sollte auch Sex dazukommen. Von mir aus.
Der Film heißt »Johnny Flash« und ist überall auf Festivals gelaufen. Sogar in Chikago und Tokio! In Tokio soll ja einer gesehen worden sein, der mich nachmacht.
Film ist mit soviel Arbeit verbunden, daß man schon gar keine Lust mehr hat, einen Film zu machen. Ich wollte immer mal einen machen, ich habe auch schon selbst einen kurzen Zehnminutenfilm gemacht, aber das ist, glaube ich, ein anderer Beruf. Ich für mein Teil gehe gerne zwei Stunden auf die Bühne und hab' dann wieder frei. Vielleicht mach' ich doch mal einen Film. Ist eigentlich auch nicht mehr Arbeit als dieses Buch hier. Mein Gott, jetzt sitze ich hier schon mehrere Wochen und wringe mein Gedächtnis aus, am Tag schreibe ich eine einzige Seite. Ich hab' auch noch was anderes zu tun.

Langsam begann ich, von meiner Musik leben zu können. Ich spielte manchmal zu Stummfilmen Orgel. Da ich beim Spielen nicht auf meine Finger zu gucken brauche, kann ich die Handlung an der Leinwand verfolgen. So wurde ich mal in Düsseldorf im Filminstitut und mal in Frankfurt im Filmmuseum engagiert. Auch erfand ich immer eigene Melodien, so brauchte keine GEMA gezahlt zu werden, weil ich da noch nicht drin war. Die Arbeit ist total anstrengend, man verrenkt sich dabei den Hals bis zum Gehtnichtmehr. Beide Beine und beide Arme voll im Einsatz. Und dann merkt gar keiner, daß da live gespielt wird, die gucken alle nur auf den Film. Manchmal bekommt man zum Abschluß Applaus. Einmal kam eine Frau, während ich spielte, nach vorne zu mir und sagte: »Hören Sie jetzt mal auf! Können Sie nicht leiser spielen?« Die hab ich rausschmeißen lassen. Aufgehört zu spielen, Film anhalten lassen, erst weitergemacht, als die Frau weg war. Das Publikum war total sauer, aber nicht auf mich, sondern auf die blöde Ziege.

Christof Schlingensief lernte ich bei den Dreharbeiten zu »Johnny Flash« kennen, wo er aushalf. Er war noch sehr jung, war aber schon richtiger Filmregisseur, er hatte schon Filme gedreht. Mit Sergej Gleithmann machte ich in seinem neuen Werk mit, »Menue total«. Es sollte ein grobkörniger Schwarz / Weiß-Schocker werden mit viel Blut und Bösem. Thema war das Dritte Reich, wie in vielen nachfolgenden Filmen von ihm. Ich spielte den Sohn eines Bösen, alle waren böse, nur ich nicht und Sergej Gleithmann, der meine Freundin Evi spielte. Ja, ein Mann mit Riesenbart als Frau verkleidet. Ich sollte wohl der junge Adolf Hitler sein, nachher

spielte ich im Film kurzzeitig Adolf in späteren Jahren. Alles hatte gleichzeitig mehrere Ebenen. Ziemlich schwer zu begreifen, wenn man mit analytischem Denken an die Sache herangeht. Schlingensief will durch Bilder, durch Symbole einen Gesamteindruck vermitteln, das, was nachher im Kopf steckenbleibt, das ist die Message. Nicht näher zu erklären. Ich trommelte eine Band zusammen, und wir machten die Musik zu dem Film.
Schlagzeugsnare mit Besen, Contrabaß ohne Verstärker, Klavier, und ich selbst spielte Trompete. Mit einem Mikrofon wurde aufgenommen, um das wir uns möglichst nah versammelt hatten. Heraus kam ein eigenartiger Sound, der gut in den Film paßte.
In einer Szene passierte einem Schauspieler, der meinen Filmvater spielte, etwas sehr Schlimmes. Er spielte seine Rolle so extrem, er sollte mir, während ich im Bett lag, ins Ohr flüstern, er saugte dermaßen an meinem Ohr, es war sehr unangenehm, daß der dicke Pickel am Ohrläppchen, er hatte ihn übersehen, aufging und er die ganze Fresse voll Blut hatte. Schauderhaft.
Danach wollte er mich verprügeln. Mit mehreren Leuten haben sie ihn festhalten können.

Ab und zu spiele ich jetzt auf Hochzeiten oder Geburtstagen, meist mit Peter Thoms Band »Kapelle Blauball«. Das ist immer lustig. Wir werden von einem Fest zum anderen weiterempfohlen. So kommt es, daß wir erst bei Freiherr von Richthofen spielen, dann bei seinem Bekannten Herrn von Voss usw. Bei Richthofen war ein Fest geplant, das unter dem Motto stehen sollte: »1907«. Zu der Zeit ist, glaub ich, die Leibeigenschaft abgeschafft worden. Das sollte ja wohl richtig gefeiert werden. Wohlgemerkt lauter Adelige zu Besuch. Man hatte sich von uns versprochen, einer war extra vorher zu einem langen Gespräch dagewesen, Musik auf historischen Instrumenten und die jeweiligen Lieder zu machen. Nach einigem Hin und Her und verschiedenen Vorschlägen wurde beschlossen, daß wir mit Geige, Baß und Klavier den Abend untermalen sollten, und natürlich Peter am Schlagzeug. Der Herr war skeptisch, was das Schlagzeug anging, er meinte, 1907 hätte es noch gar keins gegeben vielleicht. Wir konnten ihn beruhigen: »Das Schlagzeug ist aus der Jahrhundertwende, aus Frankreich, und hat antiquarischen Wert.« Nun gut, wir konnten antreten. Aus Ermangelung eines Geigers sagte Peter zu, mit einem hervorragenden Cellisten zu kommen. Das hörte sich gut an. Am besagten Abend saß Jochen Bosak, der Schuldirektor, am Klavier, Rudi Contra, der grauhaarige Charmeur und Schmieröltechniker, bediente den Baß, Peter saß am Schlagzeug, und ich saß neben Rudi und hatte auch einen Baß. Nur saß ich eben und strich mit einem Bogen. Alle dachten, das ist das Cello. Wir spielten Lieder wie »Die Männer sind alle Verbrecher«, aber auch Tangos, Blues, Swing. Und Lieder, so wie »Strangers in the Night«. Tatsäch-

Das kleine Äffchen muß immer Trompete spielen

Soloauftritt zu Ende

lich fragten welche, ob das von 1907 wär. »Ja! Das hätten wir auch nicht für möglich gehalten, aber es stimmt!« Wir durften uns in der Küche mit etwas Eßbarem versorgen. Bei der nächsten Party spielten wir im Hausflur des Einfamilienhauses von Herrn von Voss, es war nur Platz für die Schlagzeugtrommel neben der Wendeltreppe. Das Klavier stand in einem anderen Raum. Rudi und ich mußten uns sehr dünn machen. Fünfzigjähriges Geburtstagskind. Er selbst hatte uns engagiert und bezahlte uns auch. Auffällig bei den ganzen Hochzeits- und Geburtstagsfeiern und Jubiläen und Ehrungen: Wir wurden immer von dem Jubilar oder Geburtstagskind selbst bestellt. Sie veranstalteten jeweils ihre Feste, um sich selbst zu feiern. Bis auf wenige Ausnahmen. Schon mal sind wir von der Frau eines Geburtstagsmannes engagiert worden. Zum Beispiel bei dem Zahnarzt Dr. Sowieso. Wir mußten uns hinter einem großen Papiervorhang verstecken, dann war 12 Uhr, und während der Papiervorhang zerrissen wurde, mußten wir anfangen zu spielen. Das Geburtstagskind hatte zufällig weggeguckt. Auch sonst fand er es als selbstverständlich, daß da eine Band mit lauter Swingmusik in seinem Wohnzimmer für Stimmung sorgte. Ja, Stimmung. Alle waren besoffen, und das Buffet war immer wichtiger als alles andere. Auch für uns. Jochen Bosak trägt dann immer einen ollen braunen Frack, wo innen Geheimtaschen an allen Ecken und Kanten verborgen sind. Da steckt er sehr viel von dem Essenszeug rein und nimmt es mit nach Hause. Selten schmeckt mal etwas gut, das teuerste Essen ist oft das schlechteste.

Es gibt nette Leute, wie die, wo wir den ganzen Abend mit unseren Instrumenten rumgelaufen sind, weil die in vielen kleinen Zimmern gefeiert haben. Tür auf, rein, hinten wieder raus, nächstes Zimmer, das Lied weitergespielt. Wenn wir an dem ersten Zimmer ankamen, neues Lied angefangen, danach wieder das Lied von vorher. Wir sind Superstimmungskano-

nen! Ein anderes Mal habe ich auf einer Hochzeitsfeier ausschließlich dirigiert, weil ich krank war. Das Hochzeitspaar dachte, das müsse so sein. Als ich mit Kalle Mews, einem sehr kleinen Mann, der Schlagzeug spielt, wieder auf einer Hochzeit spielte, kamen wieder welche von hinten ans Klavier und sagten, ich solle doch vernünftig spielen, und mehr so mit Elektronik, Geigen. Eine Frau, die Mutter des Bräutigams, war unausstehlich, die kapierte das gar nicht, daß das nicht so wie auf Platte klingt, von ABBA oder Heino. Immer wenn sie ankam, hab ich gesagt: »Hau ab, du Arschloch!« Das hat sie dann verstanden. Wir sind rausgeschmissen worden. Ich hab zu dem Mann auch gesagt: »Du altes Arschloch!« Das verringerte unsere Gage.
Auch jetzt mach ich manchmal solche Auftritte, mit Peter Thoms. Natürlich nur, wenn uns keiner kennt. Manchmal

Mit Peter, Jochen Bosak, Rudi Contra am Buffet

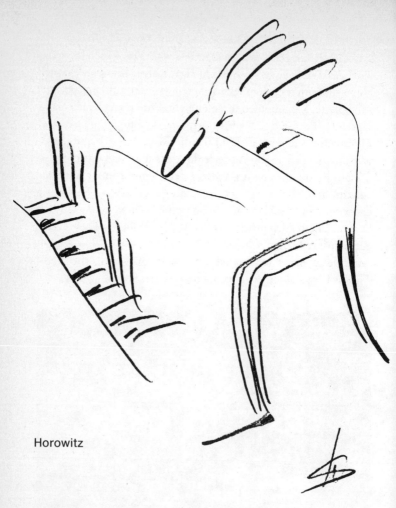

Horowitz

macht es Spaß, Hintergrundmusik zu machen, wenn sich am Buffet die unmöglichsten Typen aufhalten. Man darf aber nicht alleine spielen, das ist unwahrscheinlich langweilig. Ich erinnere mich an eine Hochzeit auf dem Lande, wo ein Großgrundbesitzer, ca. 65 Jahre alt, eine sehr junge Australierin geheiratet hat. Die Hochzeitsfeier war in dem Haus der Mutter des Mannes. Ein Riesenhaus. Die hatten sogar einen Extra-Elektriker, der an diesem Abend dafür zuständig war, daß im Garten so Fackeln brannten. Die Mutter war so um die Hundert, hatte sich aber zurechtgemacht wie eine Zwanzigjährige. Sie genoß es außerordentlich, neben mir am Flügel zu sitzen und mit mir zu flirten. Ihre Gesichtshaut hing wie ein alter Lederbeutel unter der Frisur, das machte sie mir sympathisch. Leider mußte sie dann ins Bett. Sie winkte noch mal von der ersten Etage der Halle, in der der Rosenholzflügel stand. Rund um die Halle war Essen aufgetischt. Ich sah manchmal ein Hühnerbein um die Ecke gucken. Auch gab es Rehrücken an Preiselbeeren im Mäntelchen. Und gegorene Äpfelchen mit Champagner. Dazu mußte ich leise vor mich hin klimpern. Nach dem Essen wollten sie tanzen, also Rock & Roll. Fünf Minuten später hielt jemand eine Rede, danach ein Tusch auf dem Klavier, dann leise weiter, und jetzt wieder Boogie-Woogie. Um eine bestimmte Uhrzeit mußte ich auch essen. Im Keller. Da gab es für mich ein Kotelett mit Kartoffelsalat. Ich war nicht allein. Der Elektriker aß auch im Keller.

Einen großen Teil meines Lebens verbrachte ich bei Haim Hüttner im Keller. Er hatte eine Tonbandmaschine, die für mich kaum noch zu überbieten war. Man konnte viermal hintereinander sich selbst aufnehmen, und anschließend waren vier Leute auf dem Band. Eine gute Sache. Obwohl ich jetzt Familienvater war, ich hatte jetzt sozusagen drei Kinder, eins davon in einer anderen Stadt, hatte ich nur noch Zeit für Tonbandaufnahmen. Meist saßen Haim und ich nachts an dem Gerät und erfanden die tollsten Typen. Eine Unmenge von »Hörspielen« entstanden so. Ich sprach immer eine Stimme auf Band, als ob jemand den Typen etwas fragt, ich antwortete praktisch nur, dann nahm ich auf einer anderen Spur den Frager auf. Alles war improvisiert, so daß die Aufnahmen einen sehr speziellen Charakter bekamen. Ich war Arzt, Oma, Bürohengst, Mörder, Arbeitsloser, Chef, Schwester Hildegard usw. Oft verstellte ich meine Stimme bis zu einem total unappetitlichen Rausschleudern von Wort- und Speiseresten. KLAUS war geboren, der Star unter meinen Hörspielmenschen. Er hat nur ein Bein, das andere haben sie ihm abgenommen, die meinten, er hätte zuviel geraucht! Die starken Zigaretten, Gauloises. Und viele Musikaufnahmen wurden gemacht. Erste eigene Lieder, zum Beispiel »Beulenpickelitis«, ein autobiographisches Werk. Haim wohnt mit seiner Mutter in einem Haus, er wohnt souterrain, sie oben. Dadrüber hat der Schwager das Haus erhöht und wohnt jetzt auch da. Im Keller bei Haim ist ein Swimmingpool. Jeden Tag kamen Typen zum Haim, grüßten ihn kurz und gingen sofort schwimmen. Danach verabschiedeten sie sich, weil sie nach Hause mußten. Oder es wurde über Nacht in Haims Zimmer der Teppich zum Faulen gebracht, dafür war Mash zuständig, der Schlagzeuger aus meinem ersten Jazztrio. Haims Keller ist auch toll, lange Jahre stand in seinem Raum ein riesiger Billardtisch, noch von seinem verstorbenen Vater, der Bin-

Mit Klaus bei Haim im Keller

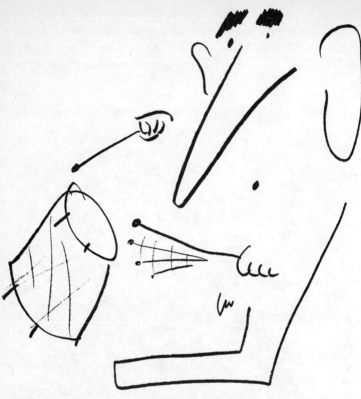

Hier habe ich Peter Thoms gezeichnet für eine Zeitung

nenschiffreeder war. Vor kurzem ist er weggekommen, nie hatte jemand dadrauf gespielt. Aber sonst hat sich nichts verändert. Eine Kellerbar ist da, ein Fischernetz an der Decke und ein Schiffslenkrad an der Wand. Haim lebt immer noch da und bewohnt ein kleines Nebenzimmer, das außer einem Bett und tonnenweise aufeinandergestapelten wissenschaftlichen Zeitungen nichts enthält.

Er hat jetzt eine Hochstirn, vor allen Dingen weil er auf einem Teppich ausgerutscht war und mit elegantem Schwung unter

einen Betontürrahmen geknallt ist, das gab eine grauenhafte Verletzung quer über die Schädeldecke von einem Ohr zum andern. Doch er hat Humor, es tat zwar weh, aber hat unheimlich Spaß gemacht, die Operation, wo sie die Farbsplitter aus der offenen Wunde gezogen haben mit Pinzetten, ohne Betäubung. Ich war immer fest davon überzeugt, daß Haim Hüttner mal ein großer Star wird. Im Billard, seitdem der Tisch weg ist, ist er einem Billardclub beigetreten, ist er auf jeden Fall unschlagbar.
Seit mehreren Jahren ist das Schwimmbad abgedeckt mit einer Plane. Aber Haim selber war sowieso noch nie in dem Ding schwimmen.

1988 machte ich meine erste eigene Schallplatte. Ein Typ, der einen Verlag hatte für Platten, rief mich an und fragte, ob ich nicht eine Platte machen will mit Musik aus dem Film »Johnny Flash«. Zufällig hatte ein ehemaliger Schulkollege, der auch früher Cellounterricht bei demselben Lehrer hatte wie ich, ein Tonstudio. Da nahm ich im Playbackverfahren ein paar Lieder auf, einige habe ich extra ganz neu erfunden. Gleichzeitig gründete ich meine erste Band, die länger zusammenbleiben sollte. »Muttertag Five«, mit Peter am Schlagzeug, Reinhard Glöder am Contrabaß, Susanne Betancor an diversen Blasinstrumenten und einen bis dahin vollkommen unbekannten Orgelspieler aus Las Vegas, Buddy Casino. Dieser Typ war ein ziemlich verrückter Vogel, er war mit dem Fallschirm über Deutschland abgesprungen und einfach dageblieben. Aber wo sollte er jetzt hingehen? Zufälligerweise ging ich am selben Tag auf die Kirmes in Düsseldorf, wo er mit seiner Oma am Würstchenstand ein Würstchen aß! Sofort bemerkte ich seine Fähigkeiten an der Orgel, und ich kaufte ihn seiner Oma ab. Als wir seine Sachen holen gingen, war ich sehr überrascht, denn er hatte eine leibhaftige Rakete bei der Oma im Wohnzimmer untergebracht. Damit wollte er eines Tages mit auf den Mond fliegen. Das faszinierte mich irgendwie, auch ich habe jetzt eine Rakete zu Hause, ein Freund von mir, der Georg Mahr, der etwas von Elektronik versteht, hat mitgeholfen, die Rakete von Buddy Casino nachzubauen. Wir haben sie sogar schon ausprobiert, es war ein voller Erfolg. Aus bestimmten Gründen bin ich nicht selbst geflogen, ich fliege ja nie, so haben wir Peter Thoms in die Kapsel gesetzt, und los ging die Rakete mit Getöse! Sie flog über

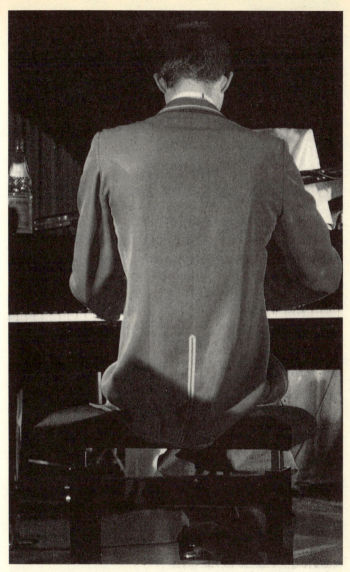
Buddy Casino, der König der Farfisaorgel

zwanzig Meter hoch und warf dann die erste Stufe ab. In der zweiten Stufe, das hatten wir ganz vergessen, saß Peter. Auch sie wurde selbstverständlich abgeworfen. Wir konnten ihn gerade noch schnappen. Die Kapsel hatte nämlich einen flexiblen Rumpf, so daß der Pilot schon beim Einsteigen in der Stufe darunter Platz nimmt. Soviel zu Peter. Buddy wohnte also jetzt bei uns, ich brachte ihm sprechen und klavierspielen bei. Mit dem Sprechen hapert es, er ist ja Engländer, doch Klavier spielt er, jeder weiß, aha, da ist Buddy Casino aus Las Vegas, der König der Farfisaorgel. Übrigens, die Orgel, die wir immer mithaben, hat zweihundert Mark gekostet.

Unsere Saxophonistin ging nach Berlin, ein anderer, nämlich Klaus aus Moers, nahm ihren Platz ein. Soweit ich mich erinnere, hat er sich bei einem Auftritt einmal verspielt, wie auch eine Videoaufnahme, die ich heimlich machen ließ, belegen kann. Deshalb mußten wir uns von ihm wieder trennen. Und auch der Bassist, der ja oft mit dem Bogen den Baß bearbeitet hat, wirkte zu fotogen auf der Bühne, so daß er mich praktisch in den Schatten stellte, er nahm auch viel Platz weg, und auf dem einen Konzert, was ich heimlich aufgenommen habe, hat er sich obendrein auch genau an der Stelle verspielt, wo auch der andere sich verspielt hat. Die Sache war klar, wir konnten mit ihm nichts mehr anfangen. Schade eigentlich, denn auf den vielen Parties, die nun stattfanden nach unseren Auftritten, fehlte er ungemein. Deshalb gehen wir jetzt nie mehr auf Parties. Ich habe immer das Gefühl, da fehlt doch jemand? Wir machten nur noch zu dritt weiter, Peter, Buddy und ich. Durch diese Reduzierung bekam unser Auftritt einen ungeheuren Effekt. Eine alte, angemalte Ibizenkentucke an einem selbstgebastelten Haufen Müll, der ein Schlagzeug darstellen soll, ein fremdartiges Ungeheuer an einer kreischenden Klapporgel und ein dünner Mann mit hohen Schuhen, der nur Mist erzählt, ab und zu mal ein bißchen singt. Die Band Hardcore war geboren. Gleichzeitig kamen meine Platten in Umlauf. Das heißt, eigentlich ja nicht so, denn es gab ja nur 500 Stück. Doch nahmen wir wenig später die zweite Platte auf, in einem Zirkuszelt, mit einem ganz billigen Kassettenrecorder. Da gab es schon wieder eine Platte mehr auf dem Markt. Wir wurden schnell berühmt. Fernsehauftritte kamen dazu. Das ist meistens scheiße. Alles ist so langweilig beim Fernsehen. Man sitzt stundenlang rum und muß dann auf einmal auf Kommando lustig sein. Blöde Erfindung, das Fernsehen. Obwohl, man kann schon lustige Sachen machen. Ich habe mir eine Videokamera gekauft und mache selber Fernsehen. Ein gutes Buch, so wie dieses hier, ist aber weitaus interessanter, und vor allen Dingen, man kann es in der Jackentasche mitnehmen. Auch muß man nicht immer auf einen Kasten gucken, man kann lesen, und dann aber wieder auch mal eine Pause machen, das ist eine sehr gute Erfindung von dem Gutenberg. Er schrieb das erste Buch der Welt. Es handelt von einem jungen Mann, der erst in ärmlichen Verhältnissen lebte, seine Eltern waren in einem Stall geboren. Und dann ist er bekannter geworden in seiner Gegend und hat sogar so Sachen gemacht wie über Wasser laufen, als brennender Busch verkleiden, im Himmel sein usw. Sein Name war Jürgen. Oder so ähnlich. Gutenberg hatte ein Händchen für tolle Geschichten, auch das Buch von der Rose, ein gutes Buch! Ein Film ist sogar gemacht worden davon, ich habe ihn selbst gesehen. Mit James Bond in der Hauptrolle. Überhaupt, Filme gibt es sehr gute. Kommissar Clouseau! Oder »Aschenputtel« mit Jerry Lewis. Er ist mein bester Freund. Wir haben uns kennengelernt, warte mal, wie alt war ich da…?

Da fällt mir ein, Kommissar! Kommissar Pleiser! Es war auf einem Fest in einem Pfarrzentrum. Der Kommissar war der Elternsprecher einer Volksschule. Die veranstalteten ein Fest für die Schüler, die die Schule verließen, um einen Beruf zu

~~weil~~
~~Hast~~ Du eine Mutter hast
~~dann hast Du~~
~~und dadurch~~ immer Butter.

~~im Schrank ist Schrank,~~
~~dann wird die eine keine kranke~~

denn Mutter ist ~~die~~ Beste Frau
~~als~~
~~kein~~ Essen gibts niemals ~~Reste,~~
laß ~~nur~~ die anderen ~~immer~~ spotten,
keiner trägt so ~~faule~~ schöne ~~Klamotten~~ Kleider,
wie ~~meine~~ Mutter
und der Schrank
ist immer voll mit Butter
dann bist du nie ~~krank!~~ was
Ja, so ist Mutter.
meine Mutter.
Sie denkt an alles

Ein Song, der nichts wurde

erlernen. Ich und mein Freund Mash waren engagiert zur musikalischen Untermalung. Orgel und Schlagzeug. Mash und ich hatten unsere Instrumente wohlweislich schon so aufgebaut, daß wir spielen und uns gleichzeitig verstecken konnten, denn wir mußten schon total lachen, als wir den Laden betreten haben. Ein kleiner Mann begrüßt die Leute, die an mehreren Tafeln Platz genommen haben. »Guten Abend, guten Abend! Greifen Sie zu, greifen Sie zu! Wenn Sie mal da vorne in die Ecke schauen, da, wo die drei Fenster, dort ist ein wunderbares, herrliches kaltes Buffet aufgebaut! Essen Sie, soviel noch da ist, der nächste Tanz ist wieder mit Musik!« Dann mußten wir was Musik machen. Ein schrilles Geklapper von Geschirr begleitete uns. Dann kam der kleine Mann, er war da als Conférencier angestellt an dem Abend, gleichzeitig war er auch Vater eines Schulabgängers. »Hören Sie, gleich kommt die Frau mit dem Quiz!« Da kam eine Frau mit vielen Briefumschlägen die Treppe hoch. Sie kam zu mir: »Also, erst mal spielen Sie eine Erkennungsmelodie oder so etwas. So, dann, das hier sind die Städtenamen!« Sie zeigt auf die Briefe. »Bei jeder Stadt spielen Sie die Musik dazu. Der Gewinner muß die Stadt erraten. Und nun fangen Sie an: HAMBURG!« Ich nehme an, ich soll irgendwas mit Hamburg spielen, ich dudel »In Hamburg sind die Nächte lang«. Die Frau zeigt immer einen Umschlag hoch. Unten die Leute melden sich, einer sagt: »HAMBURG!« Dann sagt die Frau zu mir ganz leise: »ROTHENBURG!« Ich weiß gar nicht, wie das Spiel geht. Der, der sich eben gemeldet hat, hat keinerlei Reaktion von irgend jemand erfahren. Was soll ich denn zu Rothenburg spielen? »Ja, in Rothenburg auf der Taubergasse natürlich!« Ich klimpere einfach so ein paar Takte, dieselbe Tonart wie gerade. Keiner meldet sich. Alle essen oder unterhalten sich. Die Frau hält einen Umschlag hoch. Dann wendet sie sich mir wieder zu und raunt: »Innsbruck!« Also, bei Innsbruck weiß ich wirklich nicht, was ich

123

da spielen soll. »Entschuldigen Sie, wie geht denn Innsbruck?« »Ja, Sie sind doch der Musiker, also spielen Sie jetzt sofort die Innsbruckmelodie.« »Was ist das für ein Lied, können Sie mir das schnell vorsingen?« »Weiß ich doch nicht! Los, spielen Sie! Da wolln wir mal sehen, ob Sie improvisieren können!« Ich begreife das Quiz beim besten Willen nicht. Und da ist es scheinbar auch schon zu Ende. »Das war das Quiz, meine sehr verehrten Damen und Herren, und nun: Es wird GETANZT! Oder wollen wir anfangen wie die Ostfriesen, die dauernd in de Wald erumrennen und de Bäume suchen! Eine Taube macht noch keinen Sommer, aber viele haben mir aufn Kopp geschissen! Der nächste Tanz ist wieder mit Musik!!!«, und der kleine Mann, die Stimmungskanone, ist wieder verschwunden. Mash und ich spielen Bossa Nova. Die Tanzfläche ist von ein paar Pärchen eingenommen. Nachdem wir schon zwanzig Minuten Bossa Nova gespielt haben, kommt der Herr, der mit der schlanken blonden Dame tanzt, er hat einen schwarzen Vollbart und wirkt sehr sportlich, zu mir an die Orgel, seine Frau am Arm. Er hatte schon die ganze Zeit verschmitzt rübergeschaut. »Wir finden Ihre Musik gut! Können Sie vielleicht mal einen Bossa Nova spielen? Meine Frau schwärmt so für die lateinamerikanischen Tänze!« Na klar können wir. Um ihn nicht zu enttäuschen, spielen wir jetzt einen Walzer. Anerkennend dreht er sich im Tanze um und nickt uns zu. Danach ist noch eine Vorstellung der Schüler, sie drehen ein paar Runden auf Kunstfahrrädern. Keiner klatscht Beifall, als sie ihre Nummer beenden. Dann müssen sie ins Bett. Die Party geht noch zehn Minuten weiter. Mash und ich packen mittendrin ein. Keiner nimmt Notiz von unserem Verlassen des Gemeinderaumes. Wir hatten sehr viel zu schleppen, allein die Orgel wiegt fast zweihundert Kilo. Geld gab es, glaub ich, auch nicht, weil Kommissar Pleiser ein Bekannter von Mashs Familie war. Apropos kein Geld: Auf der Feier, die der Gehörlosenverein veranstaltet hat, bekam ich auch keine Gage. Ich war ganz alleine mit meiner dicken Orgel verpflichtet. Damit es nicht so langweilig wird für mich, hatte ich mir ein Rhythmusgerät älterer Machart geliehen. In einem Hinterzimmer stieg das Ding. Eine Tombola sollte auch stattfinden. Bevor ich einen Ton spielen konnte, war auf einmal ein Plattenspieler an, volle Pulle. Die Gäste vergnügten sich lautlos zwischen den verschiedenen Getränken. Der Hauptgewinn der Tombola war ein Riesenpaket Klopapier. Das brachte ungeheure Stimmung. Irgendwann, zwischen zwei Platten, drängte ich mich mit meiner Orgel einfach dazwischen. Die Rhythmusmaschine ging los wie ein Preßlufthammer, einige fingen an zu tanzen. Nach ein paar Takten wechselte plötzlich der Rhythmus in ein unmotiviertes Gestammel von Pings, Pockckcks und Tingtingting, dann auf einmal fünf Viertel[1], dann drei Viertel[2] usw. Sofort wurde nicht mehr getanzt, schnell eine Platte aufgelegt. Ich hatte keine Chance, noch mal dazwischen zu kommen. Der Veranstalter machte mir verständlich, eigentlich gar keinen Musiker zu brauchen, wäre auch so Stimmung. Ich schleppte ganz allein meine Orgel da raus, keinem war aufgefallen, daß da überhaupt jemand gewesen war mit einer Orgel. Ich hatte auch keine Lust mehr, jemanden nach meiner Gage zu fragen, ich bin behandelt worden wie ein Außerirdischer. Als ich wieder zu Hause war, bildete ich mir ein, gar nicht weggewesen zu sein. Bis jetzt, wo es mir plötzlich wieder einfällt.

[1] Take Five
[2] Walzer

Eigentlich bin ich ja jetzt ziemlich berühmt, ich schwimme in Geld, weiß gar nicht, wohin damit, komme in der Welt rum, zwar nicht mit dem Flugzeug, denn ich fliege nicht, weil das gar nicht geht. Unser Peter ist Jetsetter, er fliegt immer, weil er sonst nicht pünktlich zum Essen kommt, er muß selber kochen. Die Tourneen mit meiner Band Hardcore sind unheimlich anstrengend. Natürlich poppen wir immer nach den Konzerten, in jeder Stadt haben wir unsere Mädchen sitzen, die so lange warten, bis wir mal wieder vorbeikommen. Thoms poppt immer mit Ledermaske an und läßt sich peitschen, das haben Buddy Casino und ich selbst gesehen! Unglaublich pervers ist dieser Mann, doch feuern können wir ihn nicht, weil er Beamter ist. Das erste, was er macht, wenn wir in die Stadt reinkommen, er geht in den Puff. Wenn das seine Frau wüßte! Nicht auszudenken! Hoffentlich liest sie das Buch nicht. Neulich in einer schäbigen Absteige haben wir ihn dabei erwischt, wie er eine Französischparade abnahm, das heißt, auf seinem Bett hatten sich ungefähr fünf nackte Mädchen so formiert, daß er bequem von der einen zur anderen steigen konnte und ihnen nacheinander etwas antun konnte. Ich muß sagen, wir haben schon viel erlebt, doch das war selbst für uns zuviel! Ein alternder Casanova, er hatte übrigens hellgelbe Feinstrumpfhosen an und eine Latexmaske auf, wo nur eine kleine Öffnung ist mit einer Flöte, beim Atmen kommt immer so ein furchtbares Geräusch, widerlich. Vielleicht sollte ich den Namen Peter Thoms an dieser Stelle hier ändern lassen.

Der Ruhm macht Menschen zu Tieren. Komisch, Peter ißt aber kein Fleisch, höchstens Kochschinken, der ist ja kein

Ich will frei sein
richtig frei sein.
Freiheit in Grenzen
sind nur Träume aus Stei
           Yeääh!

   Mauern zerstören
wo sie nicht hingehören   a – ha
~~Macht~~ sie ~~kaputt~~.   ↓
Stein für Stein!

Denn du bist der Vogel
"   "   "   "   "

Vogel im ~~Sturm~~ Wind
"   "   "

Breit aus deine Schwingen/
denn du bist das Kind.
des Sturmes /——
der Freiheit. /

Ein Song, der in zwei Minuten komponiert war und ein großer
Erfolg wurde, vor allen Dingen in den Beneluxländern, dazu
gehört auch Belgien selbst, Holland, die Niederlande, diese
beiden Länder besonders, und vor allen Dingen Luxemburg,
das ist ja schon in Benelux drin, das sieht man ja deutlich…

Tier, sind ja keine Beine dran. Oft schmeißt er eine Handvoll Mehl auf den Herd, und dann ißt er die köstlichsten Tortillas. Wir stehen da und kriegen nichts ab. So ein geiziger Mensch ist mir mein ganzes Leben noch nicht vorgekommen. Nie gibt er was ab. Und abholen muß man ihn auch noch, weil er kein Auto fahren kann, er ist nachtblind! Er trägt seit kurzem Brille, ich habe ihn kaum erkannt, als ich ihn das erste Mal damit gesehen habe, ich glaub, er will damit intelligent wirken, dabei ist er doch der doofste Typ in ganz Düsseldorf. Sagt auch Buddy Casino. Na ja, wir haben ihn alle gern. Aber hinter dieser schöngeistigen Fassade steckt ein ausgemachtes Stück Boshaftigkeit. Wenn er auf der Bühne ein Pferd nachmacht, meint man wirklich, Peter macht ein Pferd nach, einfach toll.

Mein Leibwächter Shringo, einer der gefährlichsten Männer, die ich kenne

Auch Buddy ist ein toller Hecht, er läßt sich manchmal Koteletten wachsen. Seit Jahren werden seine Zähne auf schmerzhafteste Weise von einem genialen Zahnarzt bearbeitet, Buddy hat mir mal stolz erzählt, er macht aus ihm den Hund von Baskerville. Ich finde gut, daß er seine Zähne behält, andere Popstars lassen sich Vollgebisse machen aus Gründen, wovon ich nichts weiß. Das sieht im Fernsehen noch ganz gut aus, aber live merkwürdig blitzend und glatt. Buddys große Stunde war in Hamburg, wo er vor achthundert Leuten ganz langsam der Reihe nach hingefallen ist. Zur Zugabe wollten wir noch mal raus, und durch einen unglücklichen Zufall rutschte Buddy auf einem Kabel aus, versuchte sich am Klavierdeckel festzuhalten, der sofort runterknallte, mit der anderen Hand stützt er sich auf dem Klavierschemel ab, der anfing, sich zu drehen, Peter und ich hockten über ihm und versuchten vergeblich, ihn zu halten, ja, durch unsere Bemühung wurde es noch schlimmer, jetzt standen wir im Weg. Den Stock lang ausgestreckt, senkte sich Buddy langsam in voller Länge auf die Bühnenbretter zwischen Klavierhocker, Flügel, uns und dem ganzen Gerümpel und biß in den Fußboden. Ich ging nach vorne und konnte mich kaum halten vor Lachen, vor allen Dingen weil das Publikum entsetzt mitfühlend unbeweglich dasaß und mich strafend anguckte. Buddy bedauerte es, daß gerade diese Szene nicht von dem Videoapparat aufgezeichnet war. Das Band war alle.

✳

G. Kordas hat ein Gesicht wie ein Rasiermesser. Er ist sehr groß, hat ein Kinn wie ein Pelikan und eine Nase wie ein Geier. Dazu zwei immer forschend in die Welt guckende klitzekleine, stechend blaue Äuglein. Er hat einen kleinen Sprachfehler, er spückelt ein bißchen bei bestimmten Lauten, das liegt an seinem Überbiß. Er ist ziemlich bleich, hat hellblonde Haare, kurz gelockt. Ich weiß gar nicht, wo er herkommt, auf einmal war er da. Er wohnt bei uns, lebt in meinem Zimmer, ich schlafe jetzt immer bei meiner Freundin Heide. Es soll vorübergehend sein, er hat keine Wohnung. Außerdem wollen wir zusammen arbeiten, das heißt, wir arbeiten an einem völlig neuartigen und skurrilen Theaterauftritt. Es soll mein allererster Auftritt in einem Theater werden, wir sollen demnächst in Düsseldorf an einem freien Theater auftreten, einmal. Unser Auftritt wird ca. 15 Minuten lang sein. Wir bereiten uns täglich darauf vor. Das heißt, ich bin sehr faul, ich will eigentlich lieber improvisieren. Aber Kordas will, daß wir hart arbeiten, wie alle Artisten. Er will, daß wir ganz groß rauskommen, und ohne alle möglichen Varianten von artistischen Übungen und Ballettunterricht und Üben der Instrumente geht es nicht, wie er meint. Für mich ist das größte Problem, wie man aussieht, wenn man auf die Bühne kommt. Was soll man anziehen, wie sind die Haare, welche Schuhe? Zusammen entwickeln wir einen kleinen Ablauf. In Strumpfhosen, Fracks, Ballettschuhen und mit merkwürdigen Frisuren soll es wie folgt abgehen: Ich geh zuerst auf die Bühne, mit meinem Cello. Ich setze mich hin, warte. Dann fange ich an, eine Apfelsine zu schälen, ich esse sie auf. Dabei werde ich schmatzen und unappetitlich kleckern, die

130

**Mit Kordas
auf der Theaterbühne**

Apfelsine zwischen den Fingern mantschen. Einige Minuten später: Kordas betritt die Bretter. Er stakst wie ein Storch, mit einer Geige unter dem Arm, in der andern Hand der Bogen, von hinten langsam, immer zickzack kreuzend, über die Bühne, immer näher, es muß sehr lange dauern, endlich ist er auf meiner Höhe. Ich werde dann zu ihm hinschauen und sagen: »Sie kommen aber spät!« (in Plattdeutsch). Dann er: »Isch haan de Flitzkaack inne Bux jehaaat!!« Dann setzt er sich auf den Stuhl neben mir und kramt eine Tasse mit Haferflocken aus der Tasche, beginnt mit einem großen Löffel die Haferflocken zu essen. Hustet hinein, die Haferflocken fliegen durch die Luft, ich esse währenddessen ein Butterbrot. Nachdem wir gegessen haben, wollen wir anfangen zu spielen. Er kratzt so dünn wie möglich auf der Geige, ich säge am Cello. Es soll so unmusikalisch wie nur möglich sein. Und das wird ca. zehn Minuten dauern. Dann stehen wir auf und gehen ins Publikum. Einer von uns hat einen Spiegel dabei, holt ihn raus, und wir gehen durch die Reihen, leicht versetzt, der eine macht Fratzen, und der andre hält dem Publikum den Spiegel vors Gesicht. Dann: hinten aus der Tür raus und Schluß. Das war's. An diesem Abend treten noch ein paar andere Leute auf, ein Pantomime, ein schwarzer Tänzer, ein Zauberer, eine Märchenerzählerin. Als wir dran sind, macht sich Kordas fast in die Hose vor Aufregung. Er meint, die Leute werden bestimmt merken, daß er gar keine Geige kann! Ich hab mir aus meinen langen Haaren einen langen Zopf geformt, der streng nach hinten oben absteht, mit Draht drin, dazu das Gesicht mit Clownweiß! Kordas hat sich eine leere Klorolle in seine Tolle gesteckt und festgezurrt, daß er aussieht wie ein Hahn mit seinem Hahnenkamm. Beide haben wir unsere Frisuren voll mit italienischem Gigoloöl eingeschmiert. Unser Auftritt, wir nennen uns »EL SNYDER & KORDAS«, wird ein Triumph! In schwarz abgedunkeltem Theater vollführen wir unsere Show genauso, wie wir es uns ausgedacht hatten, nur viel länger. Als wir mit dem Spiegel runterkommen, ekeln sich die Zuschauer vor uns. Das ist der Effekt, den wir zwar überhaupt nicht angestrebt haben, aber in der nach dem Auftritt folgenden Diskussion mit unseren Bekannten, die uns dahin gefahren hatten, sind wir sehr stolz darauf.

Am nächsten Tag steht in der Zeitung etwas Positives über uns, nicht viel, aber die Überschrift ist gut: Zwei Störche im Salat!

Wie berauscht von diesem Erfolg, will speziell Kordas unsere Karriere vorantreiben. Ich will nicht so richtig, weil ich ja eigentlich Musiker bin, außerdem wird Kordas mir mit der Zeit zuviel, er will ständig proben. Ich weiß nur nicht, was. Er setzt eine Anzeige in die Zeitung, ich habe sie nicht gelesen, meine Freundin hat sie gelesen, er will eine Ballettschule oder ähnliches machen. Wir fragen uns, wo. Und tatsächlich steht er in der Küche, hat alles rausgeräumt und einen großen Spiegel an die Wand gelehnt, hält sich mit dem rechten Arm am Schrank fest und macht in langen Untersachen so Übungen, auf einem Bein stehen, das andere nach ganz weit weg hinten, dabei den einen Arm wie ein in der Luft kreisender Condor bis zum Gehtnichtmehr ausgefahren. Und er erwartet jeden Moment eine Hausfrau zum Unterricht. Draußen vor dem Haus hat er ein riesiges Schild aufgestellt: »Scola di Animazione«. Mir wird das alles zuviel. Ich habe keine Privatsphäre mehr. Kordas soll ausziehen, er wohnt nun schon drei Monate bei uns und ißt wie ein Scheunendrescher. Deswegen geht das so nicht weiter, wir haben kaum Geld. Er will auch mal was zu essen kaufen. Am nächsten Tag holt er zwei Kilo Gänsefett, daraus kann man Suppe kochen. Den ganzen Tag sitzt er als gebrochener Mann vor unserm Küchentisch und löffelt an seiner Suppe. Mir kommen fast die Tränen, auch Heide ist immer sehr gerührt von dem Anblick. Tagelang gehen wir nur an der Küchentür vorbei, gucken rein, sehen immer das gleiche Bild und gehen lieber weg. In die Stadt. Wenn wir nach Hause kommen, sitzt er genauso da. Er hat jetzt aufgehört zu reden. Er ist traurig. Ich kann ihn gut verstehen, aber das ist kein Zustand. Und dann immer die Suppe! Er geht in die Stadt, und als er wiederkommt, hat er sich zehn Paar Socken gekauft. Ich fahre aus der Haut, Socken kann man doch nicht essen! Und wir haben alle kein Geld mehr! Endlich reist Kordas ab. Er nimmt ein Taxi für den Umzug. Was wir nicht wußten und an diesem Tag erfahren haben, er hatte bereits seit über einem Monat eine Wohnung, doch er wäre lieber bei uns geblieben, dann ist er nicht allein. Ich hab ihn lange nicht gesehen, da kam mal Post aus der Schweiz, mit einem Zeitungsartikel und einem Foto. Er macht jetzt Ganzkörpergipsabdrücke von Passanten! Und wenn er mal dazu keine Lust hat, tritt er einfach so auf der Straße auf, in einer selbstgebastelten Mondmannuniform, als Mondmann. Ich denke sehr oft an diesen einen Auftritt mit ihm zurück.

Mit Peter Thoms hatte ich mal einen spektakulären Auftritt in Hannover. Eva, ein Mädchen, die bei uns immer einen kleinen Auftritt als Sängerin mittendrin hatte, war auch dabei. Es waren nur vier Leute da. Das Klavier war auch total kaputt. Egal, wir sind aufgetreten. Und zwar mit ungeheurer Energie.

Thoms und ich vor Jahren

Nach uns sollte Disco sein. Deshalb machte ich hier besonders lange. Als wir endlich fertig waren, konnten wir gerade noch mit letzter Kraft unsere Klamotten zusammenschrappen, als die Türen aufgingen, stürmten eintausendfünfhundert Leute den Laden. Sie hatten schon stundenlang draußen gestanden. Es war nämlich Tanz in den Mai angekündigt. So ist das, wenn man nicht berühmt ist. Das, was wir damals gemacht haben, war bestimmt nicht schlechter als das, was wir heute so von uns geben.

In letzter Zeit bin ich ziemlich oft müde, das liegt an meinem Lebensabend, der jetzt beginnt. Manchmal lege ich mich hin und schlafe ein paar Minuten, im Wohnzimmer auf der Couch oder auf einer Bank an der Autobahn. An jedem Rastplatz halte ich an und lege mich hin. Ausgeruht komme ich dann zur Arbeit. Danach kann ich die ganze Nacht nicht schlafen. Ich denke dann nach. Über mein Leben. Was habe ich falsch gemacht? Warum gibt es mich? Wer sind wir eigentlich, wo kommt der Mensch her? Sind wir nicht nur eine Aneinanderreihung von Genetik? Und warum sind wir mehr wert wie die Amöbe, die Schnecke. Das alles sind Fragen, die ich bei meinen Auftritten beantworte. Und nur da. Wenn jemand was dadrüber erfahren will, der muß schon dahin gehen. Manchmal kommen Leute und wollen außer der Reihe was wissen. Die enttäusche ich. Ich verrate nichts. Die fragen dann, ob ich denn ein Mythos sein will. Natürlich, jeder Mensch hat das Recht darauf, ein Mythos zu sein. Oder sogar zu werden. Als Mythos hat man die Möglichkeit, ein normales Leben zu führen wie jeder andere auch. Auch wird man nicht sogleich erkannt beim Einkaufen. Ich habe mich einer langausgedehnten Gesichtsoperation unterzogen, es tat überhaupt nicht weh! Zuerst lag ich auf einem Tisch, und der Arzt schälte mir einen Lappen vom Hintern ab. Dann zerfurchte er mein Gesicht mit einem Apfelsinenmesser, willkürlich und grob, es mantschte richtig. Als ich dann in den Spiegel guckte, mußte ich lachen, weil, ich erkannte mich trotzdem wieder. Dann riß der Arzt an beiden Ohren, so daß ein Druck entstand. Mit gelenkigem Schwung haute er mir die Haut vom Hintern quer durchs Gesicht, so begann er, mir eine neue

In Wedding vor dem Alhambrakino

Ein Tag nach dem Tod von Miles Davis

Ich schüttel die Hand von der Frau auf dem Bild

Form zu geben. Mit ein paar schnellen Schnitten stach er mir neue Augen. Auch die Farbe konnte ich nachher selbst bestimmen. Alles in allem war es eine Erleichterung, als der Arzt mich nachher nicht mehr kannte und einfach links liegenließ. Muß er selbst wissen, wenn er nichts mit mir zu tun haben will, kann ich auch nichts dran machen. Jeder ist seines Glükkes Schmied. Als ich vom Operationstisch aufstand, klebte das Bettlaken an meinem Hintern fest, es ist immer noch dran. Aber es steht mir, glaub ich, gut. Seitdem bin ich ein anderer Mensch. Ich habe wieder Achtung vor mir selbst. Jetzt nur noch eine Kur in einem Hotel, wo Frischzellen gebraucht werden. Frischzellen sind eigentlich Lebewesen, die der Mensch zum Jüngerwerden braucht. Kleine Lämmchen werden vor der Geburt gesammelt, und eine gute Creme daraus gemacht. Im Körper des Menschen haben diese süßen Tierchen, die wir alle gern haben, die Chance, ein besseres Leben zu haben. In einem jungen Menschen, der in Wirklichkeit über Neunzig ist. Das ist eine gute Idee gewesen von dem Arzt, der das erfunden hat, es gibt auch schon tolle Erfolge! Zum Beispiel Peter Thoms. Unser Schlagzeuger. Es wird ja alles wieder gut. Die Welt wird eines Tages wieder gut zu den Tieren sein. Aber erst mal muß man sich zurückbesinnen, man muß als Amöbe ganz neu von vorne anfangen, oder als armseliger Wurm.

Ein Urlaub in den Alpen brachte mir persönlich ein unglaubliches Pech. Ich war mal wieder unterwegs gewesen mit meinen Wanderschuhen, die auch für das Hochgebirge geeignet sind. Irgendwie juckte es mich in den Fingern, mal einen ganzen Berg zu besteigen. Und zwar im Alleingang, so wie Reinhold Messner. Frühmorgens, die Sonne zeigte sich noch nicht, schlich ich mich verstohlen aus der Pension, wo ich mit meiner Familie untergekommen war. Lange Atemzüge verrieten mir, daß alle noch schliefen. Die Haustür knarrte, und ich erschrak, als ich das Haus verließ. Noch einmal horchte ich nach drinnen, nichts. Dann ging ich los, über Stock und über Stein. Nach zwei Stunden begann ich, in den Berg zu gehen. Das ist Bergsteigersprache. Schon beim ersten Tritt in Felsspat strauchelte ich. Ich wollte schon aufgeben, doch mein Wille war wieder mal stärker als der Berg. Die Wand lag noch total im Schatten, so daß eine glitschige Fläche Gestein, moosbewachsen, nur darauf wartete, von mir genommen zu werden. Los ging's mit einem großen Schritt nach oben. Und so weiter, Schritt für Schritt dem Gipfel näher. Ich hatte weder Seilschaft noch Pickel dabei. Doch meine Finger hatte ich voll im Griff, sie krallten sich verkrampft in den Felsen. Mühsam schleppte ich meine Beine mit den großen Schuhen nach. So zog ich mich immer weiter hinauf. In diesem Moment vergißt man Zeit und Raum, es ist wie ein Rausch, als wäre man betrunken. Man muß aber nicht auf Klo, das ist auch besser so. Ich kenne großartige Bergsteiger, die aufgegeben haben, weil sie auf Klo müssen. Reinhold, übrigens ein guter Freund von mir, macht immer in ein Reagenzglas, das er sich in der Hose um beide Schenkel bindet. Das ist sein Geheimnis. An-

140

dere, die keine Fantasie haben, gehen dann wieder zurück ins Dorf oder zu den Trägern. Schade, daß ich keine Träger dabeihatte, sie hätten mich schön den Berg rauftragen können. Aber es hat nicht sollen sein. Selbst ist der Mann. Ich war mittlerweile mitten in der Wand, als endlich die Sonne um die Ecke schien. Mit einem schrillen Strahl traf sie mich genau, als ich im Begriff war, Brotzeit zu machen. Das ist lecker, wenn man Hunger hat im Berg. Ein Stück Käse, ein ganzes Brot, ein Messer, Butter und eine Flasche Bier, dann noch eine Knackwurst und Radieschen mit Salz, das schmeckte alles gut. Zu guter Letzt genehmigte ich mir noch einen selbstaufgebrühten Tee, den ich über dem Lagerfeuer backte. Und dazu schien die Sonne, es war eine Idylle. Ich war jetzt auch müde, weil ich bereits zehn Stunden unterwegs war. Ich schlief ein wenig. Im Berg hängt man dazu mit der einen Hand an einem Stück Moos, die andere Hand nimmt man als Kopfkissen. Die Beine sind die Beine von einem selbst und gleichzeitig die Beine vom Bett. Ich mußte so eine Stunde fast geschlafen haben, als ich von einem Geräusch wach wurde. Ein Adler hatte mir das letzte Stück Brot geraubt. Vom Schwingenschlag bin ich aufgewacht. Fasziniert von dem großen Vogel, schaute ich ihm nach, bis er am Horizont verblaßte. Irgendwo mußte er hier sein Zuhause haben. Das war für mich eine große Herausforderung, ein Adler!

Schnell packte ich mein Essen in die Eßsachentasche, die ich um den Bauch geschnürt hatte. Angespornt von der Idee, den Adler in seinem Nest zu treffen, stieg ich wie ein Besessener in den Fels. Dabei rutschten mir sogar die Socken. Schweißgebadet erreichte ich den oberen Rand des Naturereignisses, denn so konnte man diesen Berg wohl nennen, eine Vielfalt von Vegetation war da. Mit einem letzten Klimmzug riß ich mich praktisch selbst hoch und konnte jetzt über den Rand hinweg dahin gucken, wo, wie ich zu Recht annahm, noch kein Mensch hingeguckt hatte. Und hier wagte ich meinen Augen nicht zu trauen: Vor mir fiel der Berg, den ich gerade bestiegen hatte, fast senkrecht wieder ab, man konnte die Talsohle mit bloßem Auge nicht mehr erkennen, zum erstenmal überfiel mich ein Schwindel, damit hatte ich nicht gerechnet, ich dachte, hier oben wäre eine großflächige Ebene.

Und mitten in dieser Ebene hatte der Adler sein Nest! Er war aber nicht da. Hier war keiner zu Hause. Oder doch? Neugierig schlich ich mich bis zu dem Eingangsbereich der Behausung vor. Ich wagte kaum zu atmen, als ich mich vorsichtig erhob, um in den Horst zu sehen. Wie ich vermutet hatte, lagen ein paar dicke Eier da drin. In dem Moment, wo ich dahin guckte, machte eine der Eierschalen plötzlich: Knack! Ein kleines Adlerjunges wurde geboren! Und ich war dabei. Ich half dem Tier, indem ich auch mit an der Schale knibbelte. Lustig saßen wir beieinander, als auf einmal der Himmel dunkel wurde. Erst dachte ich, wir haben Abend, doch ein Blick auf die Uhr sagte mir, nein. Es war der Adlerrüde, der jetzt zurückgeflogen kam. Und noch ein zweiter Adler war zu sehen, es war wohl das Weibchen. Sie wirkte ein bißchen kleiner, aber hatte lange Haare. Der Mann war wohl schon älter, er hatte eine Halbglatze. Ehe ich mich's versah, packten sie mich und zerrten mich raus aus dem Nest und hoch in die Lüfte. Ich sah von hier oben das Nest noch einmal aus einer anderen Perspektive. Es war ein gutes Nest, die Adlers hatten verschiedene Holzstückchen und Reisig und all solche Sachen hier hochgeschafft und anschließend mit Spucke zu einem wind- und wetterfesten Gebäude das Zeug zusammengeklebt. Es gibt nur noch wenig Adler auf der Welt. Man darf sie nicht in dem Gehege stören. Das wußte ich aber nicht. Mit einer Affengeschwindigkeit ging's durch die ganze Luft bis an dem Berg, wo ich mit Mühe hochgekrochen war, vorbei und dann Richtung Erde. Bis zum rettenden Fußboden waren noch zirka zweitausend Meter. Ich betete zum ersten Mal in meinem Leben, daß der Adler mich verschont. Doch vergebens. Er ließ nicht los. Wir stießen durch eine tiefhängende Nebelschicht, und jetzt bekam ich es mit der Angst zu tun. Ich nahm alle Kraft beiseite und haute dem Adler auf den Kopf. Aus berechtigter Angst, daß ich ihn kaputtmach, ließ er endlich los. Befreit von den störenden Krallen, segelte ich zur Erde. Schimpfend und schnatternd wie zwei Rohrspatzen, bewegten sich die Adler in der Luft und wurden böse. Das sah ich im Fallen. Zum Glück war unten ein Parkplatz, der frisch gepflastert war. Wenn ich nur zwei Meter daneben aufgeschlagen wäre, hätte ich mir meinen ganzen Anzug versaut, da lag nämlich ein Haufen von einem Bernhardiner.

Im Geldausgeben bin ich große Klasse. 1983 habe ich einen Anrufbeantworter geleast. Ich bezahle im Monat 44,– DM. 1993 gehört dieser Anrufbeantworter dann mir. Ich habe ihn seit einiger Zeit nicht mehr in Betrieb, weil er veraltet ist. Insgesamt habe ich dann um die fünftausend Mark für das Ding bezahlt. So einer kostet heut um die hundert Mark. Mehrere Banken verdienen daran. Es ist mein einziger Leasingvertrag. Ich stelle mir vor, wenn man ein Auto least, was viele ja machen, kommt man bei einem kleinen Opel nachher auf eine

Zwischen diesen Bildern liegen fast dreißig Jahre

Million Mark. Deshalb fahre ich ausschließlich Peugeot. Das sind bessere Autos. Sie sehen besser aus, und die Reparaturen sind teurer. Ich habe in der Stadt, in der ich wohne, drei garagenähnliche Räume gemietet, in keinen davon paßt ein Auto, bei dem einen Raum ist die Tür zu eng, da steht mein Motorrad drin, ein anderer Raum ist ganz kurz und feucht, da kann man gar nichts drin aufbewahren, ich bin nur zu faul zu kündigen, dafür müßte ich ja den Bankauftrag auflösen lassen, in dem dritten Raum sitze ich jetzt und schreibe. Hinter mir steht meine Orgel, alle fünf Minuten fletsche ich mich auf die Orgelbank und lasse sie leise erklingen, weil sonst die Nachbarn sich beschweren. Zu Hause, wo ich wohne, kann man nur zu bestimmten Zeiten leise Klavier spielen, weil unser Nachbar Wechselschicht macht. Das erinnert mich an meine Kindheit. Auch sonst habe ich das Gefühl, ich entwickle mich langsam zurück. Die Regression hat angefangen. Einmal in der Woche gucke ich Fernsehen, ich gucke immer nur »Columbo«, mit Peter Falk. Er hat auch einen Peugeot. Ich freue mich immer schon auf die nächste Woche, da kommt er wieder im Fernsehen. Und das Auto kann man manchmal ausschnittweise sehen. Auch der Hund, der immer im Auto sitzt, da lache ich mich drüber kaputt. Die Morde, die er aufklärt, sind aber auch wirklich kompliziert. Ich finde immer klasse, wie er das macht. Genauso würde ich auch vorgehen. Wie der sich selbst erniedrigt, um nachher den Mörder zu überführen. Ich habe sehr viel Respekt vor Peter Falk. Er ist für mich der beste Kommissar aller Zeiten.

Sonst guck ich gar kein Fernsehen mehr. Als der Irakkrieg war, hab ich wohl zuviel geguckt, ich habe da sogar einen Apparat kaputtgeguckt, die ganze Nacht saß ich vorm Fernseher, jede Nacht, mehrere Wochen lang, bis morgens, auf einmal kam nur noch Schnee. Da hab ich gewartet, bis die Geschäfte aufmachen, und bin hin und habe mir ganz schnell einen neuen Apparat gekauft.

*

Ich esse für mein Leben gern. Dafür habe ich extra kochen gelernt. Bei der Volkshochschule. Ich belege den Kursus: Kochen für alleinstehende Herren. Mann, war das ein Reinfall. Erste Stunde: Wir backen uns ein Spiegelei. Das ist gar nicht so einfach, wie es sich anhört. Der Dozent hat einen weißen Kittel an, eigentlich ist er aber gelb, wegen der Eier. Man muß eine Pfanne heiß machen mit dem Herd und dann Butter reintun. Wenn keine Butter da ist, geht es auch ohne. Dann das Ei aufschlagen. Und das ist die Kunst. Mindestens zehn Eier kann man erst mal wegschmeißen. Irgendwann gelingt es einem, das Ei so am Rand der Pfanne aufzuschlagen, daß es heil in die Pfanne tropft. Jetzt muß man warten. Und auf die Sekunde genau den Herd ausmachen. Meistens vergißt man wegen dem ganzen Drumherum noch das Salz. Salz muß da drauf, sonst schmeckt das Ei nicht. Das fällt einem beim Essen aber erst auf, wenn es schon zu spät ist und man das halbe Ei schon runter hat! Auch Tee machen haben wir da gelernt. Das ist etwas schwerer. Wasser zum Kochen bringen. Wieder mit dem Herd! Und dann die Tasse hinstellen und ein Teebeutel reintun. Wasser in die Tasse rein. Da sitzt man schön und trinkt Tee nachher, und wenn man in die Küche zurückkommt, ist alles am Brennen! Weil man vergessen hat, den Herd auszumachen. Also, die Kocherei ist wirklich nichts für mich. Deshalb habe ich mir eine Frau angeschafft. Die kann sogar Rotkohl, Klöße, Rinderbraten, Salat, verschiedene Teesorten und noch vieles, vieles mehr! Und auch putzen und waschen ist da mit drin. Wenn auch noch Kinder kommen, braucht man nie mehr selbst zur Bude gehen, Bier holen. Was ist das für ein wundervolles Leben. Aber es hat auch Nachteile. Man muß sein Geld teilen. Eine Mark ist auf einmal nur noch zwanzig Pfennig wert, das muß man sich mal vorstellen! Und später, wenn man alt ist, kommt man ins Altersheim. Da ist Fernsehen und sonst nichts. Ich habe mich bereits damit abgefunden, deshalb wirke ich manchmal etwas unkritisch. Man lebt eigentlich nur, um einzukaufen oder zu parken. Oder aber mal schwimmen gehen, ich gehe vielleicht einmal im Jahr schwimmen, aber dann nur hier im Entenfang. Das ist ein stehendes Gewässer hier in der Nähe, direkt zwischen der Autobahn und der Eisenbahn. Das Wasser ist braungrün. Man darf beim Schwimmen kein Wasser schlucken, weil man dann schon früh stirbt. Viele Menschen sind da. Im Sommer ist das Wasser warm. Man kann auch Bötchen fahren. Ich gehe vorne am Wasser auf und ab und paß auf, daß ich trocken bleibe. Bei den vielen Kindern, die da spielen, ist das nicht einfach. Da muß man mal durchgreifen, auch mal die Ohren langziehen. Wenn man schon früh am Morgen da ist, kann man nah am Wasser Stellung beziehen und aufpassen. Wenn ein Kind anfängt zu planschen, muß man die Eltern zur Rechenschaft ziehen. Gegebenenfalls droht eine Strafanzeige. Was ist das nur für eine Welt. Und auch die Umwelt, was machen die Menschen da alles falsch. Sie sammeln alte Pappe und bringen sie mit ihrem nagelneuen Superschlitten, der dreißig Liter Benzin schluckt, zu einem armseligen Eisenbehälter. Eine Firma holt die Pappe ab, und dann werden da Patronenhülsen für Schreckschußpistolen oder Wegwerfsandalen draus gemacht. Oder Aluminium, man sammelt über Jahre hinaus alles Metallische, und nachher machen die Leute da Bomben draus! Das ist Wahnsinn! Eines Tages wird die Welt untergehen, und schuld daran sind die Amerikaner und die Russen, und auch wir, wo wir es zulassen, daß es Atomkraft gibt. Und dann sieht es ganz schlimm aus, für alle. Dies hier ist ein kleiner Vorgeschmack.

✳

Ich wäre so gern zur See gefahren

Schlußwort

Damit das Buch nicht so lang wird, hab ich meine Memoiren schon jetzt geschrieben. Mein größter Wunsch ist es, auch in den Penclub zu kommen. Eine berühmte Frau hat einmal gesagt: Eine Rose ist eine Rose ist eine Rose ist eine Rose, und ich glaube, sie hatte recht. Ich würde sogar noch etwas hinzufügen: Eine Rose ist nur eine Rose, die Dornen hat, die Rose, Dorn, da, die Rose, Dorn Dorn, Rose, Dorn. Sie ist die Liebesblume Nummer eins auf der Welt. Ein kleines Beispiel: Ein Mann kommt von der Arbeit nach Hause, da ist auf dem Weg ein Blumenladen. Vor dem Geschäft steht der Verkäufer und sagt: »Blumen! Blumen!« Der Mann steigt von seinem Auto ab und geht durch die Scheibe in das Geschäft. Die Polizei verhaftet ihn wegen dem kaputten Glas. Zu Hause fährt er in die Garage rein und hinten durch die Wand. Aber diese Geschichte erzähle ich lieber mal ein andermal, zum Beispiel in meinem Konzert.

Von

Helge Schneider

sind folgende CDs bei ROOF MUSIC erschienen:

Seine größten Erfolge CD RD 10 33 10

New York I'm coming CD RD 12 33 04

The last jazz CD KD 12 33 10

Hörspiele Vol. I CD RD 12 33 11

Hörspiele Vol. II CD RD 14 33 19

Geschenkkassette * 5er CD-Box

RD 93 55 55

*Alle 5 ROOF CDs & Briefe & Photos (streng limitierte Auflage)

Zu beziehen in allen gutsortierten Schallplattenfachge-schäften oder über ROOF Music, Prinz-Regent-Str. 50-60 44795 Bochum. (Bitte Mailorder-Liste anfordern)

Richard Rogler
Finish
Ein Monolog

KiWi 286

Ein umwerfend komischer Monolog über ein verrückt
gewordenes Land, von einem, der auf die 50 zugeht und es
immer noch nicht geschafft hat – die Fortsetzung des großen
Erfolgs von Freiheit Aushalten!

KiWi Paperbackreihe bei Kiepenheuer & Witsch

RICHARD ROGLER
FREIHEIT AUSHALTEN!
Mit zahlreichen Abbildungen
KiWi 173
Originalausgabe

Wenn Sie definitiv wissen wollen, was aus der sogenannten 68er Generation auf ihren »Marsch durch die Institutionen« geworden ist, dann wird es Ihnen hier in einer Parade präsentiert, bei der Ihnen vor Lachen die Tränen laufen werden.

KiWi Paperbackreihe bei Kiepenheuer & Witsch

Richard Rogler
Mitternachtsspitzen

Richard Rogler gesammelte Auftritte
Texte Richard Rogler und Jörg Metes
KiWi 212

Die umwerfenden Bühnen- und Fernsehmonologe Richard
Roglers sind mehr als traditionelles politisches Kabarett. Sie
zielen nicht in erster Linie auf Pointen im politischen Tages-
kampf, sondern auf die grundlegenden Krisen unserer bun-
desdeutschen Wirklichkeit.

KiWi Paperbackreihe bei Kiepenheuer & Witsch

PAOLA PELO
ALLES PALETTI

Tagebuch einer glücklichen Hausfrau

Titel der Originalausgabe: *Diario di una stupida*
Aus dem Italienischen von Anneliese Braun
KiWi 238

Die Frau, die hier eine Woche ihres Lebens erzählt, ist eine
Hausfrau aus Überzeugung, ein Fossil aus der Vergangenheit, ein seltenes Tier, das von allen berufstätigen Freundin-
nen mit Argwohn betrachtet wird, zumal sie nicht dümmer,
sondern eher intelligenter als ihre Umgebung ist. Ihre Welt ist
die Erziehung der Kinder und die Organisation des Haus-
halts, das tägliche Kochen, die Familienfinanzen, das Einkaufen. Sie ist nicht »frustriert«, und sie singt – komisch genug –
das hohe Lied ihres gar nicht so sinnlosen Lebens.

KiWi Paperbackreihe bei Kiepenheuer & Witsch

MARUJA TORRES
ER IST'S!
Eine phantastische Reise zu Julio Iglesias
Roman

Titel der Originalausgabe: *¡OH, ES EL!*
Aus dem Spanischen von Barbara Böhme
KiWi 207

Jahrelang denkt sich Encarna Alférez gefühlvoll-erotische Serien und intime Lebenshilfe-Tips für die Zeitschrift *Acaso* aus. Ihr eigenes Liebesleben hingegen ist nicht der Rede wert. Es besteht eigentlich nur aus der Schwärmerei für zwei Männer: den Schlagerstar Julio Iglesias, über den Encarna besser Bescheid weiß als über sich selbst und ihren Chef Viceversa. Dieser bietet Encarna eines Tages die Chance ihres Lebens: Sie soll Julio Iglesias auf seiner USA-Tournee begleiten.
Maruja Torres hat in ihrer fröhlichen Satire auf Heile-Welt-Romane und den Starkult in einschlägigen Klatschmagazinen kein Klischee ausgelassen. Aus Ingredienzien wie Sex und Crime, Schicki-Micki-Ambiente und Unterweltflair hat sie einen spritzigen Cocktail voller Tempo, Witz und Überraschungen gemixt.

KiWi Paperbackreihe bei Kiepenheuer & Witsch

PETER GLASER
GLASERS HEILE WELT

Peter Glaser über Neues im Westen
KiWi 175
Originalausgabe

Der junge österreichische Schriftsteller Peter Glaser ist ein Flaneur im elektronischen Zeitalter. Mit Miskroskop und Fernglas stöbert er hier in der großen Welt der kleinen Dinge: Eine Reise in den Alltag in 32 Kapiteln.

KiWi Paperbackreihe bei Kiepenheuer & Witsch

DANIIL GRANIN
UNSER WERTER ROMAN AWDEJEWITSCH
Novelle

Titel der Originalausgabe:
Nash dorogoj Roman Awdejewitsch
Aus dem Russischen von Friedrich Hitzer
KiWi 244

Roman Awdejewitsch brachte es vom einfachen Parteisekre-
tär seiner Heimatstadt beinahe bis zum Generalsekretär. Im
Stil einer Chronik wird der staunenden Nachwelt ein getreu-
liches Bild von seinem denkwürdigen Aufstieg gegeben.
Diese beißende Satire über die Laufbahn eines sowjetischen
Parteifunktionärs ist von grotesker Komik, eine scharfe
Attacke gegen Korruption, Mißwirtschaft und Machtmiß-
brauch.

KiWi Paperbackreihe bei Kiepenheuer & Witsch

LOU REED
TEXTE

Titel der Originalausgabe: *Between Thought and Expression*
Aus dem Amerikanischen von Diedrich Diederichsen

KiWi 287

Die Songtexte Lou Reeds, seine Gedichte und autobiographischen Erläuterungen ergeben die spannende Autobiographie eines der wichtigsten und innovativsten Rockmusiker der Gegenwart.

KiWi Paperbackreihe bei Kiepenheuer & Witsch